RIO, UM PORTO ENTRE TEMPOS

MODOS DE SER, MODOS DE CONHECER

PREFEITURA DA CIDADE DO RIO DE JANEIRO
E SECRETARIA MUNICIPAL DE CULTURA APRESENTAM

MARIA INEZ TURAZZI

RIO, UM PORTO ENTRE TEMPOS
MODOS DE SER, MODOS DE CONHECER

BAZAR DO TEMPO

© Bazar do Tempo, 2016
© Maria Inez Turazzi, 2016

Todos os direitos reservados e protegidos pela Lei 9.610, de 19.2.1998.
É proibida a reprodução total ou parcial sem a expressa anuência da editora e da autora.

Este livro foi revisado segundo o Acordo Ortográfico da Língua Portuguesa e 1990, em vigor no Brasil desde 2009.

Imagens
© Todos os direitos reservados aos titulares.

EDITORA
Ana Cecilia Impellizieri Martins

COORDENADORA EDITORIAL
Cristiane de Andrade Reis | Miradouro

PESQUISA DE CONTEÚDO E REDAÇÃO
Maria Inez Turazzi

PESQUISA DE CONTEÚDO COMPLEMENTAR
Maria de Lourdes Parreiras Horta

PROJETO GRÁFICO E CAPA
Cristiana Barretto

DESIGNER ASSISTENTE
Daniele Pascoaleto

COPIDESQUE
Elisabeth Lissovsky

REVISÃO
Aline Canejo

PESQUISA ICONOGRÁFICA
Maria Inez Turazzi

PESQUISA ICONOGRÁFICA COMPLEMENTAR
Nataraj Trinta
Alexandre Nascimento

PRODUÇÃO DE IMAGENS
Caroline Tuler Castelo Branco

TRATAMENTO DE IMAGENS
Trio Studio

IMPRESSÃO
Gráfica Santa Marta

ISBN 978-85-69924-18-0

T929
Turazzi, Maria Inez
Rio, um porto entre tempos: modos de ser, modos de conhecer.
/ Maria Inez Turazzi . – Rio de Janeiro: Bazar do Tempo, 2016.
176 p. ; il. ; 21x23cm.
"Porto do Rio de Janeiro: uma bibliografia (1983-2016)": 170p-173p. .
"Região portuária: instituições, organizações e espaços culturais": 174p. - 175p. .
ISBN: 978-85-69924-17-3.
1. Rio de Janeiro (cidade). 2. Portos – Rio de Janeiro (RJ). 3. História. I. Título.
CDD 981.53
CDU 913 (815.3)

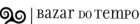

Rua Alexandre Stockler, 353 | Gávea | 2 2451-230 | Rio de Janeiro | RJ
contato@bazardotempo.com.br | www.bazardotempo.com.br

PATROCÍNIO:

Dedico este livro ao meu pai (*in memoriam*), que me levou pela primeira vez à região portuária, onde trabalhou a maior parte de sua vida.

A ABERTURA DO PORTO
FINALMENTE, PARA NÓS

A pedra está lá, sobre a escrivaninha. De vez em quando, entre um trabalho e outro, ou quando nos debruçamos para apanhar um livro na estante em frente – olhamos para ela. É pouco maior do que uma bola de gude. Mas tem um peso simbólico imenso para nós. E, se dela falamos na abertura de um livro sobre a região portuária do Rio, é porque ela marcou para nós o começo de um sonho.

Pedras. De pedras são feitas algumas das memórias mais marcantes dessa região do Rio: a Pedra do Sal, as pedras do Cais do Valongo, as pedras que calçam as velhas ruas do Morro da Conceição, as pedras do Chafariz de Mestre Valentim, "as pedras pisadas do cais" cantadas por Aldir Blanc, esse cronista tão carioca. Muitas pedras. Mas aqui estamos para falar da nossa pedra desimportante, pedrinha à toa, que recolhemos numa tarde de maio, em 2014. Nem pedra propriamente é, mas sim pedaço de brita e cimento amalgamados, e, se vocês não adivinharam ainda, aqui vai: é a pedrinha que catamos no chão no dia em que fomos ver os escombros da Perimetral. É nosso pequeno marco. Por isso a escolhemos para abrir este livro que, como disse sua autora Maria Inez Turazzi, é um convite a "conhecer o porto do Rio como lugar simbólico, e não apenas como acidente geográfico".

Há quantos anos sonhávamos com a derrubada da Perimetral, com a revitalização da região portuária, com a transformação daqueles lindos armazéns em espaços de cultura e lazer? Muitos anos. Desde a época em que isso parecia um sonho louco, irrealizável. Mas nós sonhávamos. Tivemos outros sonhos que também julgávamos impossíveis e que, no entanto, se realizaram – como a volta do Carnaval de rua. Quem diria? O Carnaval dos blocos, das marchinhas, de pierrôs e colombinas, de confete e serpentina. Quem podia imaginar? Mas aconteceu. Por isso, continuávamos sonhando. Não desistíamos.

A região do porto do Rio sempre nos encantou. Há 15 anos ou mais, já costumávamos caminhar pelo Largo da Prainha, buscando encontrar, nos casarões abandonados, os vestígios de sua antiga beleza. Junto com nosso amigo Leonel Brayner — autor de um lindo quadro a óleo reproduzindo a Praia Formosa —, passeávamos pela região tentando adivinhar os antigos contornos do litoral, perceber como se tinham dado as transformações. Ao lado de outro amigo querido, o livreiro Manuel Mattos, da Elizart, percorremos certa vez, numa linda manhã de chuva, as ladeiras do Morro da Conceição, ouvindo as histórias de sua infância tão portuguesa. A região portuária permeia muitos de nossos livros; neles se estampa em forma de crônicas ou contos, em histórias fictícias ou relatos documentais. É uma longa história de amor.

Foram muitas idas e vindas, até aquele dia em que catamos no chão nossa pedrinha-marco. E, de lá para cá, acompanhamos cada etapa, sempre torcendo para que desse certo. Voltamos muitas vezes, para vigiar os trabalhos, ver o que estava sendo feito. A cada trecho da Orla Conde que era inaugurado, íamos conferir. A abertura dos museus. A reformulação da avenida Rodrigues Alves. A chegada do VLT. Não perdemos nada. No entanto, nossos delírios mais selvagens podíamos imaginar que o sonho iria tão longe: que a população carioca tomaria posse do porto e o transformaria em um novo ponto de encontro, um dos mais importantes da cidade.

Ainda faltam muitas coisas. Queremos ver a parte interna da região revitalizada. As pessoas escolhendo ir morar lá. Os casarões da Prainha restaurados. Os grandes galpões em funcionamento. Todos os armazéns sendo utilizados. A vida pacata do Morro da Conceição preservada. Os achados arqueológicos do Cais do Valongo sendo bem cuidados. A nova praça Manuel Antônio de Almeida inaugurada (já que a antiga, com as obras, desapareceu). Mas a importância da região portuária na vida do carioca, se andou esquecida, está consolidada. É inegável. O porto finalmente foi aberto - para nós. Este livro narra, navegando entre a sólida informação histórica e o olhar de quem vive profundamente a cidade, o longo e tumultuado caminho trilhado para chegarmos até aqui, ao nosso porto. Outros mais cantarão seus encantos, contarão sua história. Agora e no futuro. O porto, velho-novo, veio para ficar.

Heloisa Seixas e Ruy Castro

ROTAS DE NAVEGAÇÃO

APRESENTAÇÃO   11

Guana + bara, o mar das marrecas, golfinhos e biguás   17

Porto de mar, porto estratégico   33

Comércio, escravidão e outros infortúnios   53

A porta de entrada e seus melhoramentos   77

A estiva e a vizinhança das máquinas   111

A cidade e o porto: convivências e transfigurações   135

O futuro, a quem pertence?   163

PORTO DO RIO DE JANEIRO: UMA BIBLIOGRAFIA
Artigos, dissertações, teses, catálogos e livros (1984-2016)   170

REGIÃO PORTUÁRIA
Instituições, organizações e espaços culturais   174

APRESENTAÇÃO

MARIA INEZ TURAZZI

O que sabemos dos lugares é coincidirmos com eles durante um certo tempo no espaço que são.

JOSÉ SARAMAGO
Lisboa, 15 de setembro de 2008.

IMAGINA-SE que em todas as cidades haja um lugar mais ou menos central, onde pulsam encontros, celebrações e negócios. Há geralmente ali um monumento, uma praça ou uma estação de trem e, consequentemente, um grande fluxo de pessoas. No entanto, quando imaginamos as cidades que têm um porto, deixamos de lado o verbo *ter* e logo empregamos o verbo *ser*. A cidade é portuária... A existência de um porto exprime de tal maneira o modo de ser de uma cidade que simplesmente não podemos separar as suas biografias. Sim, porque a cidade e o porto são como personagens a quem, vez por outra, atribuímos qualidades humanas.

Mas, afinal, o que é um porto? A resposta parece fácil: o lugar protegido dos ventos e dos mares, à beira de um oceano, mar, lago ou rio, onde as embarcações podem entrar e sair, flutuar e ancorar, carregar e descarregar pessoas ou coisas. A resposta, no entanto, será mais complexa se recordarmos as inúmeras possibilidades de um porto. A primeira delas é que nem sempre se trata de um porto natural, lugar de abrigo e ancoragem oferecido pela natureza em um acidente geográfico qualquer (a foz de um rio, uma baía ou um golfo, por exemplo). Os dicionários trazem outras definições para esse cenário onipresente na história humana: portos de arribada, de carga, de comércio, de escala, de quarentena, de refúgio etc. Já o porto artificial, eles nos informam, é aquele construído pela mão do homem para servir ao comércio ou à guerra que, afinal, movimentam essa história. Por fim, quando pensamos nos sentidos figurados atribuídos à palavra, o nosso imaginário se transporta para toda sorte de proteção oferecida por um porto seguro.

O Rio de Janeiro, como bem sabemos, é uma cidade portuária, ou seja, um porto. Esta identidade está inscrita em sua paisagem cultural e nos modos de representá-la desde o seu nascimento. Mas o seu porto é, igualmente, um lugar de múltiplos sentidos, a começar por aquele que nos foi presenteado pela natureza quando ali esculpiu uma das mais belas baías do mundo, antes que a própria noção de porto exprimisse uma nova relação entre a linguagem e o mundo. Depois de séculos de coexistência com a gente do lugar, essa porção de terra e água ao abrigo das intempéries, mas desprotegida dos homens, tornou-se o cenário de conflitos sangrentos entre portugueses, franceses e índios pela posse do lugar. Com o nascimento da cidade colonial, sinuosa e transmutável como as margens da baía de Guanabara, o porto de mar converteu-se em porto de defesa, povoamento, comércio e desembarque de escravos, até receber melhoramentos, como a porta de entrada da capital, e depois ser relegado ao desprestígio característico de muitas regiões portuárias ao redor do mundo. Desde a criação da cidade, o lugar sofreu tamanha transformação de forma, conteúdo e significado, a ponto de hoje, percorrendo o porto artificial que se sobrepôs ao desenho da natureza, já não conseguirmos mais identificar a fisionomia original do primitivo porto de mar.

Vista da baía de Guanabra. Foto Claudio Edinger, 2015

Mas como reconhecer nessa região portuária que se transfigurou tão profundamente os múltiplos sentidos que lhe foram atribuídos ao longo do tempo? As paisagens se transformam em patrimônio por uma espécie de *síntese temporal* das experiências simbólicas que definem a sua identidade cultural, e não apenas estética, como defende Luisa Bonesio.[1] Nesse sentido, os processos de transfiguração da região portuária do Rio, além de contarem com a presença de múltiplos olhares sobre sua identidade, estão condicionados também pela sensibilidade (ou não) para com os elementos particulares e diferenciadores do lugar.

Entre idas e vindas, tormentas e calmarias, as relações entre o porto e a cidade oferecem muitos itinerários de navegação. Afinal, conhecer o porto do Rio como lugar simbólico, e não apenas como acidente geográfico, área urbana ou atividade econômica, projeta espaços e tempos bem mais amplos para a compreensão de suas inúmeras conexões com a cidade. Uma cidade – ou pelo menos parte dela – que já lhe condenou ao desapreço em passado recente e hoje se (re)apropria de seu porto de múltiplas formas, não sem alguma controvérsia. Em uma paisagem marcada pela dupla condição de cidade portuária e cidade capital, a iconografia da vida marítima, além de extremamente rica e variada, também responde pela afirmação da singularidade e da apropriação desse porto nos mais variados contextos.

O escritor José Saramago, remexendo papéis, encontrou certa vez uma carta de amor escrita alguns anos antes para a sua querida Lisboa. Emocionado, resolveu transcrevê-la "na página infinita da internet", inaugurando assim um blog e, com ele, uma nova forma de comunicação com os milhões de leitores e admiradores que cultivou mundo afora. Porto de sua existência, a cidade da qual nos fala Saramago é o lugar imaginário onde se cruzam as rotas da memória e da história:

"Fisicamente, habitamos um espaço, mas, sentimentalmente, somos habitados por uma memória. Memória que é a de um espaço e de um tempo, memória no interior da qual vivemos, como uma ilha entre dois mares: um que dizemos passado, outro que dizemos futuro. Podemos navegar no mar do passado próximo graças à memória pessoal que conservou a lembrança das suas rotas, mas para navegar no mar do passado remoto teremos de usar as memórias que o tempo acumulou, as memórias de um espaço continuamente transformado, tão fugidio como o próprio tempo".[2]

O que sabemos sobre o porto do Rio de Janeiro, esse lugar entre o passado e o futuro da cidade que coincide hoje, em sua radical transformação, com o tempo de nossas existências? Como o conhecimento do lugar material, simbólico e funcional que denominamos região portuária pode contribuir para o pleno exercício do direito à cidade em suas múltiplas dimensões? Se acreditarmos que, em todo lugar se aprende, o espaço urbano parece cumprir cada vez mais este papel, ao lado de outras formas de convivência e organização social, para o melhor conhecimento da própria cidade e de nosso lugar em sua dinâmica de transformação. A escola, por si só, já não dá conta desta tarefa, como defendem os adeptos do movimento "cidade educativa", bastante disseminado nos dias atuais.

A região portuária do Rio vive novamente a atmosfera de um grande canteiro de obras, como ocorreu há cem anos, e continua a ser um espaço de grandes intervenções urbanísticas, econômicas e culturais, com profundas implicações na percepção da cidade e da própria cidadania. Este livro procurou "usar as

---

[1] Luisa Bonesio, *Paesaggio, identità e comunità tra locale e globale*. Reggio Emilia: Diabasis, 2007.

[2] José Saramago, "Palavras para uma cidade", 15 de setembro de 2008, in *O caderno; textos escritos para o blog; setembro de 2008 - março de 2009*, São Paulo: Companhia das Letras, 2009. Reunião dos textos de Saramago postados em seu blog entre setembro de 2008 e março de 2009.

Praça do Mercado 'Ancoradouro'. Cartão postal da Casa Staffa, 1907

memórias que o tempo acumulou" para traçar, a voo de pássaro (marrecas, gaivotas, biguás...), uma visão panorâmica das interações entre a baía de Guanabara, a cidade do Rio de Janeiro e a atividade portuária, no passado e no presente. Explorando diversas linguagens e recursos, como textos informativos e literários, imagens artísticas e documentais, sites e vídeos, sistematizamos, a partir de escolhas pessoais em um universo muito amplo, algumas *rotas de navegação* pelo porto, sua história, seus personagens, suas transformações e suas perspectivas.

Para os que desejarem um mergulho em profundidade, a bibliografia apresentada ao final reúne três décadas de pesquisas sobre o porto do Rio de Janeiro, desde os primeiros estudos acadêmicos da década de 1980, como a dissertação defendida em 1984 por Nina Rabha, arquiteta recentemente falecida que dedicou diversos projetos à promoção da região, até a proposta de inscrição do sítio arqueológico do Cais do Valongo na lista do Patrimônio Mundial, estudo realizado por equipe multidisciplinar, submetida pelo Instituto de Patrimônio Histórico e Artístico Nacional pela Prefeitura da Cidade do Rio de Janeiro à apreciação da Unesco, em 2016.

Por tudo e por todos os cariocas de berço e de afeição, este livro é dirigido àqueles que queiram fazer ou refazer as suas próprias explorações pelo porto do Rio, compartilhando conhecimentos, experiências e expectativas em relação à cidade. Ele é especialmente dedicado aos jovens leitores, por acreditarmos que a navegação pelo tema poderá despertar interesses, vocações e atitudes em prol da cidadania e do patrimônio cultural do Rio de Janeiro.

As pedras lisas do cais em que desembarcou a princesa Teresa Cristina para se casar com Dom Pedro II, em 1843, foram assentadas sobre as pedras irregulares onde antes pisavam os africanos escravizados. Veio a República e cobriu o largo com paralelepípedos; o embarcadouro foi aterrado na construção do porto que, há cem anos, transformou em linha reta aquela faixa litorânea sinuosa do Rio da Colônia e do Império. As três camadas estão agora expostas, recuperadas por arqueólogos nas obras que prometem repovoar a zona portuária, na baía de Guanabara.[3]

---

[3] Claudia Antunes, *Folha de S. Paulo*, julho de 2011. Disponível em <http://cidadeeducativa.blogspot.com.br/2011/08/utopia-carioca--questoes-acerca-da.html>.

Cesar Barreto, Cais do Valongo e Cais da Imperatriz, 2015

Cesar Barreto, Cais do Valongo e Cais da Imperatriz, 2015

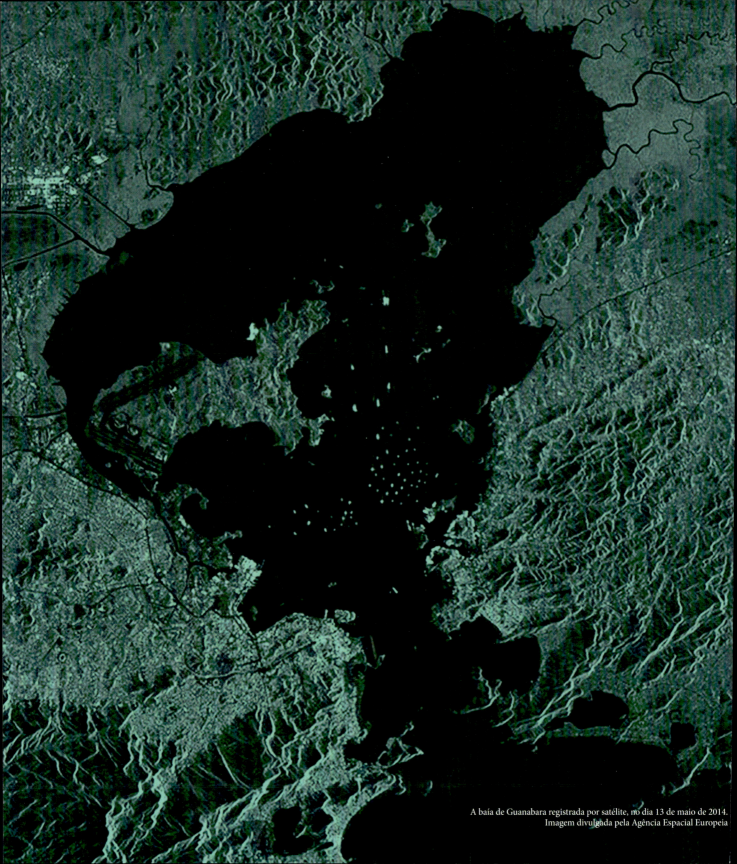

A baía de Guanabara registrada por satélite, no dia 13 de maio de 2014.
Imagem divulgada pela Agência Espacial Europeia

GUANA + BARA,

O MAR DAS MARRECAS,
GOLFINHOS E BIGUÁS

PARA CONHECER A CIDADE, começamos, geralmente, por imaginá-la como um lugar relacionado a outros, bem maiores, no tempo e no espaço: o país, o planeta, o universo... A forma triangular da baía de Guanabara, não é difícil perceber, tem semelhança com a configuração do Brasil ao revés. O economista Carlos Lessa, sem pretender dominar a cidade do Rio de Janeiro com o olhar, procurou entendê-la como um "laboratório de renovadas experiências cognitivas e emocionais":

> "Fascinado pelas facetas, intimidado pela complexidade, tonto com a ambiguidade, sabedor do fluir constante condensador e transformador da cidade, o observador busca, para organizar sua reflexão, partir de algum ponto, se possível singelo e relevante. Ancora seu primeiro olhar sobre o Rio, delimitando-o antes de tudo como lugar. Este ângulo de observação permite identificar tendências, vocações, particularidades e restrições que deixaram seus traços na história, no desenvolvimento e na anatomia da cidade."[1]

As expressões que os habitantes de um lugar empregam para nomeá-lo também podem ser um ponto de partida. *Guanabara* é uma palavra tupi interpretada por alguns estudiosos como sendo a junção de 'enseada do rio' + 'mar' (*iguaá + mbará*); 'enseada' + 'semelhança' + 'mar' (*kûá + rana + pará*); ou, ainda, 'seio' + 'mar' (*guana + bara*). De modo que *gua-nã-bará* significaria 'mar semelhante a um seio ou uma boca'; bela metáfora para o formato arredondado da baía de Guanabara e a fartura de alimento que continha quando a língua o tupi dominava suas margens. Outros sugerem que *guananã + bará* significaria 'mar das marrecas',[2] aves que dividiam com biguás, tucanos, araras, papagaios e bem-te-vis os céus e os alagados dessa *guanabara* paradisíaca anterior à chegada dos homens brancos.

A preferência pessoal pelo mar das marrecas como ponto de partida, ingênuo e relevante, para esta breve história do porto do Rio de Janeiro tem sua razão de ser. A rigor, ela não se origina no domínio da língua tupi, mas na simples crença de que, dentre todos os sentidos atribuídos à palavra *guanabara*, este é o que melhor traduz a percepção de um lugar em harmonia com a natureza, antes de seu enquadramento pela ideia de um porto.

A nomeação dos lugares, uma prática quase tão antiga quanto a própria comunicação verbal, é um processo bastante revelador das relações que, em qualquer

Pássaros. Desenho de Arthur Singer (1917-1990) para a revista Seleções Reader's Digest do IV Centenário do Rio, em março de 1965. Coleção Particular

---

[1] Carlos Lessa, *O Rio de todos os Brasis*, Rio de Janeiro: Record, 2001, p. 19.

[2] Luiz Caldas Tibiriçá, *Dicionário de topônimos brasileiros de origem tupi*, São Paulo: Traço Editora, 1985.

época, os seres humanos mantêm com o seu ambiente natural e cultural. O convívio com o mar, além de exercer sedução e temor, sempre foi fonte de inspiração, no Rio de Janeiro e no restante do planeta. Os índios que habitavam a costa brasileira criavam palavras que exprimiam o seu modo de conhecer o mundo e descrever as coisas vistas na natureza. *Paranapiacaba*, por exemplo, é uma expressiva composição para 'o lugar de onde se vê o mar' (*paraná + epiak + (s)aba*, isto é, 'mar' + 'ver' + 'lugar'). As serras do Mar e da Mantiqueira, estendendo-se por todo o litoral sul e sudeste do Brasil, já abrigaram muitos desses mirantes sobre o oceano Atlântico, onde embarcadouros (*peasaba*, 'lugar na beira de rio ou de mar') ofereciam abrigo e alimento, como nas águas claras do mar das marrecas.

A *guanabara* habitada pelos tupinambás e teminimós foi encontrada, a 1º de janeiro de 1502, pelo português Gaspar de Lemos, integrante da primeira expedição verdadeiramente exploratória da costa brasileira. O navegador já estivera no Brasil como comandante de um dos navios da frota de Pedro Álvares Cabral e, ao participar de uma nova expedição para fazer sondagens e anotações diversas, atribuiu as primeiras

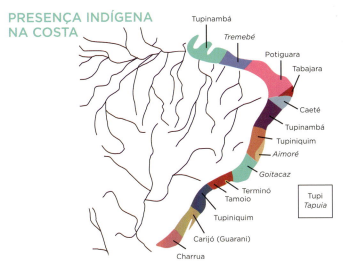

PRESENÇA INDÍGENA NA COSTA

denominações aos acidentes geográficos encontrados no percurso, boa parte delas inspiradas na fé cristã (rio São Francisco, baía de Todos os Santos, angra dos Reis, e assim por diante). A entrada da baía, aparentemente interpretada como a foz de um grande rio, deu origem então ao nome de Rio de Janeiro. A ideia de que os portugueses, grandes navegadores, pudessem ter confundido uma baía com a foz de um rio é contestada por muitos autores, mas a versão se fixou no imaginário popular.

Os jesuítas não demoraram a criar uma representação escrita para a língua dos indígenas que permitisse a sua compreensão e mais ampla difusão. O padre José de Anchieta, embora não tenha sido o primeiro a aprendê-la, escreveu a gramática que hoje, disponível na internet, ainda é um convite ao aprendizado da língua tupi. Com a *Arte de gramática da língua mais usada na costa do Brasil* (Coimbra, 1595), Anchieta publicou aquele que é considerado o primeiro dicionário da língua tupi. Apenas seis exemplares dessa obra chegaram à atualidade, sendo um deles no acervo da Biblioteca Nacional, no Rio de Janeiro.

Padre José de Anchieta, pelo gravador Pietro Leone Bombelli, artista da segunda metade do século XVIII
Biblioteca Nacional de Portugal

A conversão do tupi antigo em língua da costa ou língua do mar, também chamada de língua brasílica, é o resultado do encontro de culturas distintas e da convivência entre a nomeação das coisas do mundo e os lugares guardados na memória coletiva. Dessa convivência, forçada para uns, cobiçada por outros, nasceu uma expressão linguística, compartilhada por brancos, índios, negros e mestiços, dominante no Brasil do século XVI ao XVIII. Agenor Lopes de Oliveira (1896-1956?), estudioso das palavras de origem tupi usadas no Rio de Janeiro, dizia ter aprendido a língua convivendo, como médico da Saúde Pública, com a gíria e o linguajar da população. Gamboa[3] ('pequena enseada'), por exemplo, evocaria o remanso das águas calmas que chegavam até a região portuária no passado. A criação do bairro, em 1981, quando o estado da Guanabara foi extinto pela fusão com o estado do Rio de Janeiro, reconheceu a especificidade da área, até então integrada ao bairro da Saúde, e a antiguidade de sua nomenclatura. Nesta acepção, a palavra gamboa tem origem tupi (*caámbó*, *cambôa*), modificada pelo uso, mas alguns imaginam que seria africana, pela presença étnica que se consolidou no lugar. Outros, ainda, lembram que em Portugal ela aparece no sobrenome do compositor Pero de Gamboa (c. 1563-1638) e, no dicionário do mestre Aurélio, ela também tem a acepção de nome de uma fruta (o marmelo). Desse modo, a palavra *guanabara*, além de evocar outros tempos e outros sentidos para os lugares da nossa existência, também exprime a sobrevivência de uma língua tida por muitos como "extinta", embora integre um universo de mais 250 línguas faladas no Brasil (as indígenas, de imigração, de sinais, crioulas e afro-brasileiras, bem como o português e suas variedades, segundo o Inventário Nacional da Diversidade Linguística).[4]

Quando pensamos no porto do Rio de Janeiro hoje, englobamos as águas da *guanabara* de outrora e também as áreas ao redor de suas margens que, embora já bastante modificadas em relação ao contorno original e à natureza antes existente no lugar, ainda assim integram a sua identidade marítima. Essa remota *guanabara* que antecede a conversão do lugar em porto de mar também resiste nos raríssimos exemplares de mico-leão-dourado, pau-brasil e botos cada vez mais ameaçados de extinção. Estes últimos ainda são vistos no brasão da cidade nascida em 1565.

[3] Agenor Lopes de Oliveira, *Toponímia carioca*, Rio de Janeiro: Secretaria de Educação e Cultura / Prefeitura do Distrito Federal, [1956], p. 48.

[4] Disponível em <http://portal.iphan.gov.br/pagina/detalhes/140>.

A rara aparição de um golfinho nas águas turvas da baía de Guanabara, 2015.
Foto Custódio Coimbra

O Rio de Janeiro, depois da Independência do Brasil (1822), passou a ter oficialmente um emblema, a exemplo de outras cidades. A tradição desse tipo de distintivo remonta aos brasões de armas da aristocracia na Europa medieval, e sua composição é geralmente formada por figuras, armas e outros ornamentos, segundo regulações heráldicas muito rigorosas. Os emblemas do Rio de Janeiro de 1826, 1858, 1889, 1893 e 1896 traziam a esfera armilar, os ramos de louros e as setas como lembrança edificante do nascimento da cidade em meio a grandes batalhas. A República retirou, no modelo de 1889, o feixe de setas e a clássica coroa mural, no formato de uma torre. Os dois elementos seriam recolocados nos modelos posteriores, com o acréscimo de um barrete frígio (o pequeno boné vermelho imortalizado pelos franceses na Revolução de 1789). O emblema de 1896, instituído por proposta do historiador Vieira Fazenda e outros integrantes do Conselho Municipal, apresentava os traços básicos do brasão que ainda hoje conhecemos, com o acréscimo de alguns elementos que posteriormente seriam suprimidos. O artigo 1º do Decreto nº 312, de 1º de agosto de 1896, da Prefeitura do então Distrito Federal declarava:

> "As armas municipais constarão do antigo emblema, esfera e setas, acrescentados do barrete frígio, repousando sobre uma vela de navio, cuja proa formará a base do emblema. Aos lados da quilha haverá dois golfinhos; circundando o emblema, dois ramos de louro e de carvalho e, encimando-o, a coroa simbólica de *cidade marítima*". (grifo meu)

Especialistas no assunto ainda criticam as infrações das regras heráldicas adotadas pelo brasão da municipalidade, mas o fato é que a concepção desse antigo desenho ressaltava uma característica essencial da paisagem do Rio de Janeiro: a sua vocação marítima. De quebra, ainda colocava em destaque a alegre presença dos "golfinhos" ou botos da baía de Guanabara que, àquela altura, eram bem mais comuns nas águas da baía.

Desenho de 1896 do brasão da cidade do Rio de Janeiro

Desenho atual do brasão da cidade do Rio de Janeiro

O corte, o transporte e o embarque do pau-brasil. Baixo-relevo em madeira, c. 1530.
Acervo Musée Départemental des Antiquités, Rouen (França)

A *guanabara* dos tupinambás e temiminós começou a desaparecer quando passaram a enxergá-la como um porto de mar estratégico para a Coroa e a Igreja, através da conquista do lugar e da cristianização dos *gentios* da América. Os primeiros a serem sacrificados com a transformação foram os próprios índios:

> "Derrotados os seus defensores,
> lado a lado os seus cadáveres
> jazem no fundo do rio.
> Os seus amigos franceses
> trouxeram, inutilmente, fuzis.
> Foram para eles terríveis
> as flechas de São Sebastião
> ao lado de São Lourenço."[5]

Os versos do padre José de Anchieta exprimem, em poucas palavras, o que representou para uns e outros o encontro de culturas que se desdobraria em múltiplas formas de expressão e dominação: a marítima, a bélica, a religiosa e assim por diante. Os europeus possuíam longa tradição marítima, consolidada em viagens transoceânicas, tratados de navegação, glossários marítimos, cartas náuticas e, claro, tecnologia construtiva de embarcações e edificações relacionadas ao mar. Os índios temiminós e tupinambás, navegando pelas correntezas e pelos remansos da *guanabara* com suas igaras, canoas leves e rasas, escavadas em apenas um tronco de árvore, também tinham um convívio muito intenso com o mar.

O alemão Hans Staden (c.1525-c.1579), quando embarcou para o Brasil, ainda na primeira metade do século XVI, deu um testemunho da experiência marítima e da inventividade inspirada pelo convívio dos índios com o mar. Staden atravessou duas vezes o Atlântico, contratado pelos portugueses para lutar como soldado de artilharia, uma função estratégica nos combates pelo domínio efetivo do território recém-descoberto. Na segunda viagem, acabou prisioneiro dos tupinambás por nove meses, até ser resgatado por um navio francês. De volta à Alemanha, publicou, em 1557, uma obra cujo título fala por si: *História verdadeira e descrição de uma terra de selvagens, nus e cruéis comedores de seres humanos, situada no Novo Mundo da América, desconhecida antes e depois de Jesus Cristo nas Terras de Hessen até os dois últimos anos, visto que Hans Staden, de Homberg, em Hessen, a conheceu por experiência própria e agora a traz a público com essa impressão*. O relato de Staden, com uma narrativa fantasiosa dos rituais antropofágicos que presenciara e descrições circunstanciadas do lugar, foi uma das primeiras obras impressas sobre o Novo Mundo. Referida simplesmente pelo título *Duas viagens ao Brasil*,

---

[5] José de Anchieta, *Textos históricos*, São Paulo: Loyola, 1989, p. 616-617, citado em Vinicius Miranda Cardoso, "Cidade de São Sebastião: o Rio de Janeiro e a comemoração de seu santo patrono nos escritos e ritos jesuíticos, c.1585", Revista Brasileira de História, vol. 32, n. 63, 2010, p.15-37. Disponível em <http://www.scielo.br/scielo.php?script=sci_arttext&pid=S0102-01882012000100002&lng=en&nrm=iso>.

ela revela o modo como os índios brasileiros fabricavam e usavam um artefato que, para os europeus, exprimia uma cultura marítima bastante diversa da sua:

> "Existe lá, naquela terra, uma espécie de árvore, que chamam *igá-ibira*. Tiram-lhe a casca, de alto abaixo, numa só peça e para isso levantam em volta da árvore uma estrutura especial, a fim de sacá-la inteira. Depois trazem essa casca das montanhas ao mar. Aquecem-na ao fogo e recurvam-na para cima, diante e atrás, amarrando-lhe antes, ao meio, transversalmente, a madeira, para que não se distenda. Assim fabricam botes nos quais podem ir trinta dos seus para a guerra. As cascas têm a grossura dum polegar, mais ou menos quatro pés de largura e quarenta de comprimento, algumas mais longas, outras menos. Remam rápido com estes barcos e neles viajam tão distante quanto lhes apraz. Quando o mar está tormentoso, puxam as embarcações para a praia, até que se torne manso de novo. Não remam mais que duas milhas mar afora, mas ao longo da costa viajam longe."[6]

Nas águas da *guanabara*, em um lugar chamado *Paranapuan* ('mar arredondado', 'ilha marítima'), nasceu Arariboia ('cobra feroz' ou 'cobra da tempestade'), índio temiminó batizado cristão pelos jesuítas e que, mais tarde, adotaria o nome de Martim Afonso de Sousa (c.1490/1500-1564), em simbólica homenagem ao navegador português que partira de Lisboa, em 1530, com a missão de povoar o Brasil. A história desse índio guerreiro imortalizado pela aliança com as forças da metrópole para a expulsão dos invasores franceses instalados na *guanabara* é quase tão conhecida quanto a figura altiva de sua estátua em bronze, condenada a mirar para sempre as águas hoje turvas da baía de Guanabara. A cidade de Niterói (*i-y-teroi*, 'água que se esconde', 'água em seio ou enseada'), por algum tempo chamada de Vila Real da Praia Grande, está situada em terras ofertadas a Arariboia e é a única no Brasil que tem um índio por fundador.

Em *Paranapuan*, hoje ilha do Governador, e *Uruçumirim* ('pequena abelha'), junto ao outeiro da Glória, ambos importantes aldeamentos dos temiminós e tupinambás, respectivamente, foram travadas as batalhas decisivas para a conquista da *guanabara* pelos portugueses. Aimberé, como os demais tupinambás que se aliaram aos franceses, não receberia qualquer reconhecimento dos vencedores. Sua cabeça foi cortada ali mesmo, no teatro da guerra. Com centenas de índios mortos em combates, alguns franceses enforcados e muitas cabeças cortadas ao final dos conflitos, o saldo da empreitada foi descrito pelo padre Anchieta com uma frase lapidar: "passado tudo a fio de espada". A cidade portuária e, com ela, a história das sangrentas batalhas do lugar nasceram, assim, em meio a intensos combates entre portugueses, franceses e índios pelas águas e margens da baía.

A expedição de Martim Afonso de Sousa, com quatro navios que transportavam cerca de quatrocentas pessoas, além de fundar a vila de São Vicente (1532), a primeira do Brasil, sobreviveu a um naufrágio, enfrentou corsários franceses e ainda construiu dois bergantins, as primeiras embarcações fabricadas na colônia. Barco a vela e remo, com um ou dois mastros e oito a dez bancos para remadores, o bergantim ainda podia receber peças de artilharia. Esguio, veloz e eficiente, também era usado pelos portugueses no Oriente. A iniciativa contribuiu para afiançar a qualidade das madeiras encontradas no Brasil, impulsionando a construção naval em portos da colônia, como o Rio de Janeiro, por onde a madeira extraída das florestas abundantes em toda a costa também era exportada. Portugal e Espanha dominavam a tecnologia de construção naval mais avançada da época, e muitos tratados sobre o tema, publicados em língua portuguesa até meados do século XVII, oferecem uma síntese desse conhecimento.

---

[6] Hans Staden, *Duas viagens ao Brasil*, Belo Horizonte: Itatiaia; São Paulo: Edusp, 1988.

BIBLIOTECA DA MARINHA

O acervo da instituição, com cerca de 67 mil exemplares, entre livros, periódicos, mapas e cartas náuticas, tem sua origem no Depósito de Escritos da Real Academia dos Guardas-Marinha de Portugal, trazido para o Brasil com transferência da corte portuguesa para o Rio de Janeiro, em 1808, acompanhando o príncipe dom João e sua família. Em 1846, recebeu o nome de Biblioteca da Marinha e, juntamente com o Arquivo da Marinha, esse acervo complementa a presença estratégica dessa força naval no local da entrada da cidade, servindo de apoio às funções militares, bem como à formação dos jovens marinheiros e oficiais. A Biblioteca da Marinha é especializada nas áreas de história geral, história do Brasil, história naval, história militar e cartografia, possuindo em sua mapoteca uma coleção rara de cartas náuticas antigas e modernas e um conjunto de atlas de grande valor cartográfico, entre os quais estão o primeiro atlas impresso no mundo, com apenas quatro exemplares conhecidos, o de Abraham Ortelius, intitulado *Theatrum Orbis Terrarum*, datado de 1570. Outra curiosidade é o *Atlas des enfants ou nouvelle méthode pour apprendre*, de 1784. Entre os antigos "roteiros de navegação" que serviram de instrumento às conquistas marítimas portuguesas, encontramos ainda o livro de Pedro de Medina, *L'art de naviguer*, de 1554, obra essencial para o estudo da navegação e a história da cartografia.

MUSEU NAVAL E OCEANOGRÁFICO

Construído em 1868, o edifício do Museu Naval e Oceanográfico, subordinado ao Serviço de Documentação da Marinha, abriga o acervo do antigo Museu da Marinha. A exposição atual apresenta o "poder naval na formação do Brasil", destacando o papel da Marinha na defesa do território brasileiro, as invasões estrangeiras no período colonial, a luta pela Independência, as guerras nas quais o Brasil esteve envolvido e a fiscalização das fronteiras marítimas. A visita à exposição permite o acesso a vários tipos de embarcações, além de objetos, indumentária, imagens e documentos raros, como a carta de Nicolas Durand de Villegaignon, datada de 1557, na qual o francês descreve a baía de Guanabara.

"Rio de Janeiro ou Guanabara", domínio tupinambá, detalhe de um mapa baseado na viagem de Jean de Léry, em 1556, gravado em 1706.
Coleção Geyer / Museu Imperial

Um grupo de franceses, comandados por Nicolas Durand de Villegagnon (1510-1571), instalou-se em uma ilhota na entrada da baía de Guanabara, chamada de *Serigipe* ('lugar dos siris') pelos índios e de ilha das Palmeiras, pelos portugueses, nomeada posteriormente em homenagem ao ilustre almirante francês. Hoje, ela mal pode ser reconhecida. Depois que os aterros para a construção do aeroporto Santos Dumont a integraram ao continente, a ilha de Villegagnon deixou de ter siris, palmeiras e até mesmo de ser um pedaço de terra cercado de água por todos os lados. No século XVI, foi o lugar escolhido pelos huguenotes (os calvinistas franceses) para erguer uma fortificação (o Forte Coligny) e iniciar ali uma colônia protestante no Novo Mundo.

O jovem missionário Jean de Léry (c.1536-c.1613) participou da experiência e, ao escrever o livro *Histoire d'un voyage fait en la terre du Brésil, autrement dite Amérique* (Paris, 1578), dedicou um capítulo à descrição do "braço de mar e rio de *Guanabara*", onde ficava a ilha que havia oferecido abrigo aos conterrâneos, àquela altura, já derrotados pelos portugueses:

> "Uma légua mais adiante, encontra-se a ilha onde nos instalamos e que, como já observei, era desabitada antes de Villegaignon chegar ao país; com meia milha de circunferência e seis vezes mais comprida do que larga, e rodeada de pedras à flor d'água, o que impede que se aproximem os navios mais perto do que a distância de um tiro de canhão, e a torna naturalmente fortificada. Com efeito ninguém pode ali atracar, nem mesmo em pequenos barcos, a não ser pelo lado do porto, situado em posição contrária ao mar alto. Bem guarnecida, não fora possível forçá-la nem surpreendê-la, como depois de nosso regresso o fizeram os portugueses por culpa dos que lá ficaram".[7]

---

[7] Jean de Léry, *Viagem à terra do Brasil*, São Paulo: Martins Editora; Edusp, 1972, p. 68.

B. Sydenham, panorama da baía do Rio de Janeiro (detalhe), 1795.
Coleção Geyer / Museu Imperial

A ilha que os franceses enxergaram como "naturalmente fortificada" foi deixada por uma parte do grupo quando se mudaram para a terra firme e estabeleceram, junto à foz do rio Carioca ('casa do branco'), na praia do Flamengo, uma pequena povoação batizada de *Henriville*, em homenagem ao rei da França. O cosmógrafo católico André Thevet (1502-1590), integrante da expedição de Villegagnon, narrou essa experiência, interpretando as razões de seu fracasso, no livro *Les singularitez de la France Antarctique* (Paris, 1557). Com a obra, cunhou a expressão França Antártica para a tentativa calvinista no Brasil, além de revelar aos olhos europeus as riquezas da *guanabara* e as belezas do lugar, como a ilha de Paquetá ('muitas pacas'), onde ainda hoje é reverenciando pelos moradores. A França Antártica, mesmo não tendo durado mais do que dois anos (1555-1556), fez da *guanabara* o cenário de uma tremenda epopeia marítima e, dos nativos do lugar, os personagens de um grande debate filosófico sobre a natureza humana. Os cronistas da chamada história pátria, quando cunharam a expressão "invasão francesa" (a primeira, dentre outras), reduziram o impacto dessa experiência ao conflito militar e à proeminência portuguesa nas águas da *guanabara*, porto de defesa dos interesses da Coroa na América.

Andrea Antonio Orazi. Rio di Gennaro. Roma, 1698.
Acervo Fundação Biblioteca Nacional

Mas "como admirar e compreender uma natureza tão diversa da europeia, a partir de que lentes?". A pesquisadora Luciana de Lima Martins procurou responder à questão no livro *O Rio de Janeiro dos viajantes*:

> "Além dos requisitos de habilidade técnica e artística, destreza e agilidade manual, o que selecionar, como compor as imagens, como e onde reproduzi-las e com que recursos – todas essas questões estavam presentes, consciente ou inconscientemente, nas mentes dos viajantes, e informaram a produção gráfica por eles originada."[8]

O visto e o não visto descritos por narrativas textuais e visuais de viajantes de várias procedências formaram a base da imaginação geográfica sobre o Rio de Janeiro e seu porto. A obra *História da província Santa Cruz a que vulgarmente chamamos Brasil*, de Pero de Magalhães Gandavo (c.1540-c.1580), não é o primeiro relato sobre a *guanabara* em língua portuguesa, mas tem a prioridade de ser o primeiro livro sobre o Brasil impresso na metrópole (1576). Gandavo era procurador da Fazenda e afirma na introdução que escreveu sua obra como "testemunha de vista", ou seja, conhecendo com os próprios olhos o lugar que descreve, embora muitos historiadores defendam que ele nunca pisou por aqui.

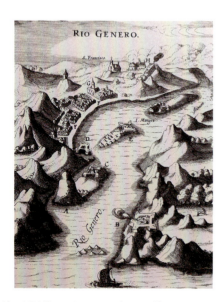

Rio *Genero*. Leiden, 1624. Ilustração para um atlas geográfico
Acervo John Carter Brown Library
Gravura de Nicolaas van Geelkerken (16..-1657?), publicada na obra póstuma do cartógrafo Philipp Clüver (1580-1622), estabelecido na cidade de Leiden (Holanda), intitulada *Introductio in Universam Geographiam* (1624–1629)

---

[8] Luciana de Lima Martins, *O Rio de Janeiro dos viajantes*, Rio de Janeiro: Zahar, 2001, p. 40.

Cenas de canibalismo na costa brasileira, representadas na obra de Staden, 1557
Acervo Fundação Biblioteca Nacional

THEODOR DE BRY

As primeiras representações visuais dos nativos da América portuguesa, presentes nos relatos de André Thevet, Hans Staden e Jean de Léry, retratavam os corpos, os saberes e as práticas culturais dos índios brasileiros, entre as quais o seu jeito de "matar e comer os inimigos". O apelo dessa temática e sua visualidade desconcertante não demorariam a atrair o interesse de um gravador experiente e visionário nos negócios.

Theodor de Bry (1528-1598), artista que nunca esteve no Novo Mundo, interpretou com grande vivacidade esses e outros relatos de viajantes que se aventuraram na travessia dos oceanos. Nascido em Liège (Bélgica) e tendo se convertido ao protestantismo, foi forçado a exilar-se, em 1570, e teve seus bens confiscados. A partir daí, transitou por várias cidades da Europa (Estrasburgo, Antuérpia, Londres), recolhendo histórias das explorações europeias até criar o projeto de uma vasta obra gráfica que lhe traria fama ainda em vida e uma longa posteridade em nosso imaginário.

Batalhas entre portugueses e índios no traço refinado de Theodor de Bry para a segunda edição da obra de Staden, 1593
Acervo Fundação Biblioteca Nacional

As gravuras em metal com o traço e a inventividade do artista ilustraram várias publicações de editores da época, entre as quais a coleção *Grandes viagens*, iniciada em 1590 e na qual ele trabalhou até morrer. As imagens de Theodor de Bry, que contribuíram largamente para a repercussão junto ao público europeu das cenas de canibalismo em terras brasileiras, também são um modo de conhecer e dar a conhecer o Novo Mundo.

MIÇANGAS

As miçangas representam os mitos de um mundo anterior à separação entre índios e brancos e, ao mesmo tempo, uma forma de comunicação impregnada pelo fascínio que o exotismo do "outro" exercia durante os primeiros contatos. As sementes e outras pequenas esferas achadas na natureza teciam em miçangas a narrativa dos mitos indígenas de lugares encantados. As contas coloridas trazidas pelo conquistador serviam como atrativo, juntamente com facões, roupas, colares e outros adereços, para iniciar as trocas que acabariam enchendo os porões dos navios com a madeira da terra. A exposição *Um caminho que se faz de contas - Américas, África e Ásia*, apresentada no Museu do Índio, no Rio de Janeiro, convida à reflexão sobre a diversidade e as formas de contato nesse encontro de culturas.

Miçangas (contemporâneas) da exposição permanente do Museu do Índio.

Folha de rosto da obra de Gandavo
Acervo Fundação Biblioteca Nacional

Marcada por uma intenção de publicidade e convencimento da necessária colonização portuguesa na América, território aberto à curiosidade e à cobiça estrangeira, a obra de Gandavo pretendia ser também um modo de fazer os compatriotas se interessarem pelo lugar. As descrições de plantas e animais da terra na pena do escritor ofereciam uma visão do paraíso, concebido à época com as vantagens da escravização da mão de obra indígena. A obra teve circulação bastante restrita até o século XIX, já que esse tipo de propaganda não interessava nem um pouco a Portugal, mas Gandavo já antevia ali um destino promissor para o Rio de Janeiro e seu porto:

"A sétima capitania é a do Rio de Janeiro, a qual conquistou Mem de Sá e à força d'armas oferecido a mui perigosos combates a livrou dos franceses que a ocupavam, sendo governador geral destas partes. Tem uma povoação, a que chamam São Sebastião, cidade mui nobre e povoada de muitos vizinhos, a qual está distante da do Espírito Santo setenta e cinco léguas em altura de vinte e três graus. Esta povoação está junto da barra, edificada ao longo de um braço de mar, o qual entra sete léguas pela terra adentro, tem cinco de travessa na parte mais larga e na boca onde é mais estreito haverá um terço de légua. No meio desta barra está uma lagoa que tem cinquenta e seis braças de comprido, e vinte e seis de largo, na qual se pode fazer uma fortaleza para a defesa da terra se cumprir. Esta é uma das mais seguras e melhores barras que há nestas partes, pela qual podem quaisquer naus entrar e sair a todo o tempo sem temor de nenhum perigo. E assim, as terras que há nesta Capitania também são as melhores e mais aparelhadas para enriquecerem os moradores de todas quantas há nesta Província, e os que lá forem viver com esta esperança, não creio que se acharão enganados."[9]

A imensa produção gráfica sobre o Rio de Janeiro, desde a descoberta do lugar pelos europeus, exprime uma imaginação de natureza geográfica e histórica através da qual podemos conhecer não apenas a *guanabara* vista por esses viajantes, como também os seus modos de ver, memorizar e narrar o mundo que viam. Desenhos, pinturas e gravuras do lugar acrescentavam cenários paradisíacos ao imaginário de um porto de mar já fantasiado pelos relatos dos primeiros exploradores do Novo Mundo e à ampla documentação etnográfica acumulada desde então. Essas imagens, integrando coleções públicas e privadas, passaram a frequentar gabinetes de curiosidades, exposições de arte e publicações ilustradas.

---

[9] Pero de Magalhães de Gandavo, *História da província Santa Cruz a que vulgarmente chamamos Brasil*, Lisboa: Oficina de António Gonçalves, 1576, p.11.

MICO-LEÃO-DOURADO

Gandavo também foi o primeiro a enxergar a figura de um pequeno leão de pelos dourados em um animalzinho que encontrou nas matas do Rio de Janeiro, hoje não mais existente nas margens da Guanabara:

> "Bugios há na terra muitos e de muitas castas como já se sabe (...). Há também uns pequeninos pela costa, de duas castas pouco maiores que doninhas, a que comumente chamam *sagois* [saguis]. Convém saber [que] há uns louros e outros pardos: os louros têm um cabelo muito fino, e na semelhança do vulto e feição do corpo quase se querem parecer com um leão: são muito formosos e não os há senão no Rio de Janeiro."
>
> **Pero de Magalhães de Gandavo.** *História da província Santa Cruz a que vulgarmente chamamos Brasil*. Lisboa: Oficina de António Gonçalves, 1576.

A primeira edição da obra de Gandavo pode ser folheada no site da Biblioteca Nacional de Portugal. Sua transcrição para o português contemporâneo (realizada pela USP para a Biblioteca Virtual do Estudante Brasileiro) encontra-se no Portal Domínio Público, da Secretaria de Educação a Distância do Ministério da Educação.

As narrativas dos antigos habitantes da *guanabara* também nos alcançam, graças aos testemunhos materiais e simbólicos de sua cultura e às releituras posteriores de seu encontro com a cultura europeia. A mancha rubra de um manto tupinambá projetada sobre um dos emblemas da paisagem carioca, obra da artista plástica Lygia Pape, projeta nossa imaginação para o desaparecimento dessas populações e, ao mesmo tempo, para a sobrevivência de seus mitos e rituais antropofágicos na tradição de violência que marca o lugar. O artefato, um símbolo desse encontro de culturas que pouco a pouco fez desaparecer não apenas os índios, mas também os testemunhos materiais de sua cultura, ainda pode ser encontrado bem longe do lugar de origem, no acervo de instituições como o Museu Nacional de Arte, em Copenhague, ou o Museu do Quai Branly, em Paris.

CONEXÕES

Existem oito mantos tupinambá em museus da Europa, entre os quais o que foi levado pelo príncipe Maurício de Nassau e hoje está no Museu Nacional de Arte da Dinamarca.

O Museu do Quai Branly, em Paris, também possui um manto do gênero em seu acervo.

Manto tupinambá
Acervo Museu Nacional de Arte da Dinamarca

Manto tupinambá
Acervo Museu do Quai Branly

A baía de Guanabara, incluindo a atual região portuária do Rio de Janeiro, transformou-se em símbolo e metáfora da paisagem carioca. Porto de riquezas na história da cidade, ela é também um porto de aflições diante do desequilíbrio entre os benefícios e os sacrifícios oferecidos à sua gente. A devastação ambiental e o aterramento progressivo de suas águas representam mais um caso emblemático de desrespeito à natureza, tal como já ocorreu com o pau-brasil. Árvore abundante no século XVI em toda a Mata Atlântica, sua madeira avermelhada era muito valorizada para o tingimento com a cor que os franceses chamavam *brésil*. O pau-brasil deu nome à terra encontrada pelos europeus e viabilizou o primeiro ciclo de exploração comercial da colônia, mas hoje praticamente desapareceu do nosso convívio. O livro *Pau-brasil* relata toda a epopeia histórica, econômica e cultural da exploração dessa árvore e sua progressiva extinção. Para os organizadores da coletânea, o pau-brasil é uma espécie de "metáfora vegetal" da nação:

> "Praticamente em nenhum instante da história do país (colônia, império e república) os brasileiros puderam ter acesso ao pau-brasil para uso prático, estudos botânicos ou desfrute estético. É uma espécie que, de certo modo, foi 'sequestrada' do convívio com o povo. É a imagem de uma riqueza que sempre foi nossa e nunca pôde ser nossa. Eis aqui a atualidade da metáfora: já quase desde o primeiro dia da aventura colonial até a derrubada do último pé 'protegido' pelo monopólio, foi-nos negada a experiência cultural do pau-brasil. Negada como espécie botânica incorporada ao nosso mobiliário e às nossas construções; como tintura ligada às nossas cores, às nossas roupas e à nossa indústria têxtil; como espécie relacionada à agronomia, à silvicultura ou à própria paisagem. O pau-brasil é, assim, a metáfora mais bem acabada, mais perfeita e mais pertinente dos recursos naturais do Brasil: o símbolo botânico da usurpação da nossa cidadania e da nossa própria omissão ao longo do processo (destaques no original)."[10]

---

[10] Eduardo Bueno et al., *Pau-brasil*, São Paulo: Axis Mundi, 2002, p. 266.

Entre os que clamam por desenvolvimento sustentável, redução das desigualdades e preservação ambiental do planeta, são muitos os que defendem o mapeamento geográfico dos exemplares ainda remanescentes dessa árvore tão simbólica para os brasileiros. Por isso mesmo, o achado de um pau-brasil, com porte adulto e bem-formado, tronco comprido e retilíneo, teimosamente vivendo às margens da baía de Guanabara, diante da entrada da barra, nas proximidades do Pão de Açúcar, foi notícia comemorada pelos jornais. A generosidade da natureza é, felizmente, provedora de esperança. O Rio de Janeiro ostenta o glorioso título de ser a metrópole com o maior número de espécies de aves (mais de 500!) frequentando os ares da cidade. Marrecas, biguás, garças, atobás, gaivotas, maçaricos, frangos d-água, martins-pescadores, fragatas, colhereiros e guarás, entre tantas outras, evocam as águas claras e o céu límpido daquela *guanabara* de outrora como um horizonte possível para a preservação da natureza.

Árvore com até 12 m de altura e 40-70 cm de diâmetro, o pau-brasil tem raros exemplares encontrados na natureza e alguns poucos no Jardim Botânico do Rio de Janeiro.

PARA VER E REVER

COMO ERA GOSTOSO O MEU FRANCÊS
Produção do Brasil, 1971, direção e roteiro de Nelson Pereira dos Santos.

HANS STADEN
Produção de Brasil/Portugal, 1999, direção e roteiro de Luiz Alberto Pereira.

Os dois filmes, com quase três décadas entre um e outro, foram baseados no relato de Hans Staden sobre suas experiências no Novo Mundo, cuja publicação tem um título que fala por si: *Descrição de uma terra de selvagens, nus e cruéis comedores de seres humanos, situada no Novo Mundo da América, desconhecida antes e depois de Jesus Cristo nas terras de Hessen até os dois últimos anos, visto que Hans Staden, de Homberg, em Hessen, a conheceu por experiência própria e agora a traz a público com essa impressão* (Marburg, 1557). Ambos foram rodados em Paraty, e a inspiração para o contato cultural entre índios e brancos e as cenas de canibalismo saiu das gravuras de Theodor de Bry que ilustram a segunda edição da obra de Staden. Na década de 1970, em plena ditadura militar, as cenas de nudez chegaram a ser censuradas, mas o filme de Nelson Pereira dos Santos acabou liberado e premiado. *Hans Staden* também recebeu diversos prêmios no Brasil e no exterior.

Porto do Rio de Janeiro, óleo sobre tela de pintor desconhecido, século XIX.
Coleção Geyer / Museu Imperial

PORTO DE MAR, PORTO ESTRATÉGICO

ENTRADA DE UMA GRANDE BAÍA ou da extensa foz de um rio, conforme a interpretação de uns e de outros sobre o reconhecimento da costa brasileira pelos portugueses, em princípios do século XVI, não demorou a aparecer em cartas e mapas da época com o nome de Rio de Janeiro. A descoberta do lugar, diante da denominação escolhida, entrou para a história "envolta em névoas e conjecturas", como definiu Vivaldo Coaracy, empregando uma bela metáfora. Por muito tempo, o achado foi atribuído à expedição colonizadora de Martim Afonso de Sousa (1530-1532), mas a versão consagrada desde o século XIX é a de que a frota encarregada de reconhecer e explorar o descobrimento de Pedro Álvares Cabral, tendo partido de Lisboa em maio de 1501, entrou na baía de Guanabara a 1º de janeiro de 1502. Acomodando-se as interpretações dos documentos disponíveis, assentaram-se também as incertezas quanto ao reconhecimento da *guanabara* pelos navegadores portugueses, ainda que a biografia dos principais personagens a quem se possa atribuir essa descoberta (André Gonçalves ou Gaspar de Lemos) continue sendo um enigma.

A denominação dos lugares encontrados nessas explorações costeiras, embora amparada por testemunhos, descrições e cartas geográficas, sempre foi matéria controversa entre cronistas e historiadores, sujeita de tempos em tempos a novas interpretações. Francisco Adolpho de Varnhagen (1816-1878), na obra *História geral do Brasil*, dedicou um capítulo à "fundação da cidade de São Sebastião no Rio de Janeiro". Em meio às discussões de seu tempo sobre o tema, o historiador ressaltou a preexistência do lugar geográfico, desde 1502, sobre o primeiro núcleo de fortificação e povoamento erguido em 1565. Varnhagen apontou o "notável engano" de quem atribuíra o nome "Rio de Janeiro" a uma baía como se ela fosse a foz de um rio, destacando que nela podiam estar contidos todos os navios que cruzavam os oceanos.[1] Em 1965, o famoso e controvertido equívoco foi explicado por um dos maiores historiadores portugueses:

> "Como era norma na exploração das terras acabadas de descobrir, interessava sobretudo aos nautas os principais acidentes da costa. Os grandes promontórios, as pequenas baías e os portos de fácil ancoradouro eram registrados *in loco* pelos cartógrafos de bordo, enquanto a expedição seguia rumo ao litoral. Quantos pontos da costa brasileira não deixaram de ser objeto de registro, nos primeiros mapas que do Brasil fazem menção! Não admira, portanto, que passando os marinheiros em frente da baía de Guanabara, julgassem estar na presença do estuário de um grande rio, onde por ora não lhes interessava penetrar. A fase de exploração viria depois, quando a linha da costa estivesse traçada com o devido rigor, nas tentativas de infiltração pela terra adentro."[2]

A chegada ao Rio de Janeiro, depois da travessia do Atlântico, e as águas calmas da baía
Aquarela de Alicia Russel, c. 1825
Coleção Geyer / Museu Imperial

---

[1] Francisco Adolpho de Varnhagen, *História geral do Brazil*. Madrid e Rio de Janeiro, 1854-1857, tomo I, p. 247 a 260. Disponível em <http://www.brasiliana.usp.br/bbd/handle/1918/01818710#page/15/mode/1up>.

[2] Joaquim Verissimo Serrão, *O Rio de Janeiro no século XVI; estudo histórico*. Lisboa: Edição da Comissão Nacional das Comemorações do IV Centenário do Rio de Janeiro, 1965, p. 23.

Ilustração de Belmonte (1896-1947) para o IV Centenário do Rio de Janeiro, 1965
Coleção particular

Os portugueses, dominando a navegação dos oceanos e a exploração de cabotagem com suas caravelas, naus e galeões, não se enganaram quanto à vocação da *guanabara* para um excelente porto de mar. A existência daquele porto natural, na foz de um grande rio ou no seio de uma baía, entrecortado por enseadas e elevações em suas margens, era a garantia de um porto estratégico para a metrópole explorar e comercializar as riquezas da colônia recém-descoberta. Essa certeza integrava a cultura marítima portuguesa e estava presente nos relatos sobre o Rio de Janeiro nos anos que se seguiram aos Descobrimentos:

"Muito antes que a primeira ferramenta fosse usada sobre a primeira prancha de madeira, antes que a natureza fosse alterada, mesmo que no mínimo, para receber o primeiro navio, a palavra porto já era mencionada e repetida nos documentos portugueses da época, revelando a convicção de que, graças às características geográficas da região, ao seu litoral recortado e às suas enseadas, a própria baía, por natureza, nada mais era do que um grande porto". [3]

O padre jesuíta José de Anchieta, saudado como o "fundador de cidades" por sua decisiva participação no povoamento inicial do Brasil, escreveu o principal testemunho sobre as dificuldades encontradas nos primeiros tempos do Rio de Janeiro. A carta de Anchieta, datada de 9 de julho de 1565 e considerada por muitos o documento de batismo da cidade, apontava o "lugar onde estava assentado que se haveria de fundar a povoação", bastando "chamar-se cidade de São Sebastião para ser favorecida do Senhor".[4] Em outra correspondência, de 1585, ele destacava a vocação natural do lugar para porto de mar e as condições que oferecia para a ancoragem de uma grande embarcação bem próxima da terra:

A baía do Rio de Janeiro guardada por suas fortalezas. Viajante anônimo, 1810
Coleção Geyer/Museu Imperial

[3] Claudio Figueiredo et al., *O porto e a cidade*, Rio de Janeiro: Casa da Palavra, 2005, p. 13.

[4] Baltazar da Silva Lisboa. Op. cit, p. 166-181; José de Anchieta, "Carta de julho de 1565", *Revista do Instituto Histórico e Geográfico Brasileiro*, t. 3, jul. 1841, p. 248-259.

"É porto de mar; a cidade, não mui bem assentada em um monte, mas de muito bom prospecto, tem uma baía mui formosa e ampla, cheia pelo meio de muitas ilhas, não tão grandes como aprazíveis, e é a mais airosa e amena baía que há em todo o Brasil; tem um circuito de mais de vinte léguas e o porto é tão fundo que as naus mui grandes estão com a proa em terra em catorze braças. (...) É terra de grandes e altíssimos montes, e ao entrar da barra tem uma pedra mui larga ao modo de um pão de açúcar, e assim se chama, e de mais de cem braças em alto, que é cousa admirável". [5]

O padre jesuíta não minimizava as vantagens que um bom porto de mar oferecia a uma cidade colonial, já favorecida pela proteção do santo padroeiro e a simpatia do rei dom Sebastião. A Companhia de Jesus era uma ordem religiosa aberta às grandes descobertas e ao conhecimento do mundo, propagadora da fé católica com a doutrinação dos fiéis e conversão dos gentios, mas também com o exercício de uma ampla influência na condução dos negócios econômicos, militares e administrativos das cidades que nasciam e cresciam ao redor de seus conventos e colégios.

"Vale destacar que todas as iniciativas definidas pelos governos-gerais ao longo do século XVI em relação ao trato da questão indígena se colocaram em sintonia com o engajamento da Companhia de Jesus. Para além da catequese e das missões, os jesuítas estiveram presentes na organização dos movimentos guerreiros, como no caso do Rio de Janeiro, atuando conjuntamente com os comandantes e, por vezes, assumindo funções diplomáticas de mediação e negociação estratégica e militar". [6]

Estácio de Sá e o Pão de Açúcar, em ilustração de Antônio Pedro para o livro de Stella Leonardos, *Romanceiro de Estácio*, 1965

[5] José de Anchieta, *Cartas, informações, fragmentos históricos e sermões do padre José Anchieta, S.J. (1524-1554)*, *Cartas Jesuíticas 3*, Rio de Janeiro: Civilização Brasileira, 1933, p. 419.

[6] Paulo Knauss, "A terra da pacificação", in Denise Rollemberg, *Que história é essa?*, Rio de Janeiro: Relume Dumará, 1994, p. 24-25.

Porto de mar e de fantasias na imaginação do príncipe Adalberto da Prússia, 1842.
Coleção Geyer / Museu Imperial

Comandados por Estácio de Sá, os portugueses desembarcaram à entrada da baía de Guanabara, a 1º de março de 1565, e, na estreita faixa de terra entre o Pão de Açúcar e o morro Cara de Cão, ergueram a fortificação que deu origem à cidade de São Sebastião do Rio de Janeiro. Os documentos de época que se referem ao lugar e à data não são tão precisos como alguns gostariam, mas serviram de base para que uma placa comemorativa fosse colocada no local, em 1915, atendendo à imaginação geográfica dos historiadores da época. Em 1567, Estácio de Sá morreu em consequência de uma flechada, enquanto o tio e governador-geral Mem de Sá, nomeado governador da capitania do Rio de Janeiro, preparava a transferência da povoação para o morro do Descanso, posteriormente denominado morro do Castelo, onde seria construída a fortaleza de São Januário. A fundação da cidade de São Sebastião do Rio de Janeiro, desde 1565, ou somente em 1567, é tema de controvérsias que se prolongam há séculos entre os historiadores. Em todo caso, o porto de mar nasceu antes da cidade e se tornou ainda mais estratégico para a manutenção dos interesses da metrópole quando da ameaça de corsários ingleses, franceses e holandeses. Porto militar e porto de defesa, as margens da baía abrigariam muitas fortalezas para o controle de suas águas e a proteção da nova cidade.

Depois da transferência da *cidade velha* para o Castelo, a ideia de proteção associada à palavra porto não poderia ter melhor aplicação: cruzando-se a entrada da baía, diziam as autoridades portuguesas, os navios estavam seguros como se *debaixo de chave*. Os excelentes ancoradouros na baía para o abastecimento e a segurança dos navios portugueses eram, no entanto, uma atração e uma facilidade a mais para as embarcações de outras bandeiras que navegavam pelo Atlântico Sul, assim como para os corsários, que não se submetiam às convenções marítimas internacionais. As razões para a transferência morro acima também foram sanitárias, pois a altitude oferecia proteção às doenças contraídas em mangues e pântanos da várzea. Por fim, a *cidade alta* e as fortificações ao seu redor garantiam melhores condições de controle e apoio à navegação portuguesa no sul do continente ou na travessia rumo ao Pacífico.

Há quem lamente que a região do Castelo, no Centro, tenha atualmente apenas o nome do morro onde teve início o desenvolvimento da cidade: "Não há um marco imponente para dizer quantos viveram, quantos morreram, por que demoliram. Não há sequer placa para dizer que ali houve um morro posto abaixo". Pedro Doria, 1565, enquanto o Brasil nascia: a aventura de portugueses, franceses, índios e negros na fundação do país, Rio de Janeiro: Nova Fronteira, 2012

A saída do porto, vista do alto do morro do Castelo
Adolphe d'Hastrel, c. 1840
Coleção Geyer / Museu Imperial

O mapa elaborado por Luís Teixeira, em 1574, pertencente a uma família de renomados cartógrafos, integra o *Roteiro de todos os sinais, conhecimentos, fundos, baixos, alturas e derrotas que há na costa do Brasil desde o cabo de Santo Agostinho até ao estreito de Fernão de Magalhães*

A entrada do porto e a visão da cidade no alto do morro do Castelo, ao fundo
Adolphe d'Hastrel, c. 1840
Coleção Geyer / Museu Imperial

O mapa elaborado pelo cartógrafo Luís Teixeira, em 1574, demonstra a precisão geográfica do primeiro *documento de identidade* do Rio de Janeiro, ao revelar o contorno sinuoso e os sinais de nascença da baía de Guanabara (morros, ilhas, rios etc). A precisão histórica do documento também nos informa sobre a recente transferência da cidade velha para a novíssima cidade de São Sebastião, agora favorecida pela distância da entrada da barra e a vigilância dos fortes construídos para protegê-la e a seu porto (Nossa Senhora da Guia e de São João, na entrada da barra; São Januário, no morro do Castelo; São Tiago da Misericórdia, aos pés do morro; e Villegaignon, onde estivera o forte francês). Logo viriam as fortalezas de Santa Cruz, São José, Nossa Senhora da Conceição e tantas outras, hoje meio sitiadas pelo crescimento urbano. Enseadas naturais e excelentes ancoradouros também foram representados por Teixeira.

Pátio do mosteiro: dali o artista viajante contempla a cidade e seus tipos sociais
Coleção Geyer / Museu Imperial

As primeiras construções da cidade portuária, no alto do morro do Castelo, seguiam o padrão de outras cidades coloniais portuguesas. A Sé, ou catedral, era a Igreja de São Sebastião, com o marco de pedra de fundação da cidade. Além dela, a Casa do Governador, a Câmara, a Cadeia, o Convento dos Jesuítas, os armazéns e algumas poucas moradias telhadas e sobradadas compunham o primitivo cenário urbano do Rio de Janeiro. No fim do século XVI, a várzea ao pé do morro do Castelo já era ocupada pela capela de Nossa Senhora de Bonsucesso e o Hospital da Santa Casa da Misericórdia. A ligação da parte alta com a parte baixa, junto ao ancoradouro, deu origem à primeira rua da cidade, a da Misericórdia. Era a rua onde se concentravam as atividades que conduziram a expansão da cidade para fora dos limites do Castelo. A segunda freguesia, da Candelária, foi criada em 1634 e, ao longo do século XVII, a várzea entre os morros do Castelo e de São Bento foi ocupada, tendo como limites os morros de Santo Antônio e da Conceição. O centro da vida urbana já não era mais a primitiva freguesia no alto do Castelo, e sim a faixa litorânea da cidade baixa até o São Bento, formando-se ali um caminho que daria origem à rua Direita (atual Primeiro de Março). As áreas de planície ainda eram muito pantanosas, cheias de mangues e alagados que dificultavam a ocupação dos arrabaldes. No porto, reclamava-se da carência de balanças para a pesagem do açúcar produzido nos engenhos do interior e da falta de trapiches para o armazenamento das mercadorias.

> O historiador Vieira Fazenda (1874-1917), um dos maiores cronistas da vida carioca, espantava-se que, "apesar de tantas curiosidades dignas de excitar a atenção", muitas pessoas nascidas no Rio de Janeiro nunca tinham subido a ladeira para admirar as belezas do Mosteiro de São Bento, edifício de profundos alicerces sobre a rocha, paredes grossas como as de uma fortaleza e três faces principais, uma voltada para o Castelo, outra para a ilha das Cobras e a terceira para o fundo da baía.

O morro de São Bento e o trânsito de embarcações sob a vigilância da ilha das Cobras. Coleção Geyer / Museu Imperial

Uma representação do porto do Rio, em 1744, entre o morro do Castelo (ao fundo), o São Bento (à direita) e a ilha das Cobras (à esquerda). Coleção Geyer / Museu Imperial

MOSTEIRO DE SÃO BENTO

O conjunto arquitetônico formado pelo Mosteiro de São Bento e pela Abadia de Nossa Senhora de Monserrate foi sempre uma referência nas imagens realizadas por artistas viajantes que chegavam ao porto do Rio de Janeiro. A recuperação da orla marítima e sua valorização com a derrubada, em data recente, do viaduto da avenida Perimetral possibilitaram uma nova e ampla visão do conjunto, bem como da praça Mauá, do Museu do Amanhã e da nova Orla Conde. O local constitui uma das joias da arquitetura luso-brasileira em seu

Interior da igreja, joia arquitetônica carioca

período barroco e rococó, com o ciclo do ouro nas províncias do interior do Brasil e seu apogeu no século XVIII. Monges beneditinos vindos da Bahia fundaram o mosteiro e a abadia, em 1590, ocupando o morro em posição privilegiada para observar e vigiar o movimento do porto do Rio de Janeiro.

A construção iniciou-se em 1633 e foi totalmente concluída entre 1670 e 1690. O trabalho de talha em madeira dourada, no interior da nave e nas capelas laterais, data do século XVIII e tem estilo barroco típico da estética da Contrarreforma. A fachada da abadia ainda revela o estilo austero do Renascimento "tardio" ou "Maneirismo" português. O Mosteiro de São Bento e sua vida monástica marcam o centro da cidade e a região portuária com uma aura de espiritualidade, podendo-se assistir aos ofícios vespertinos, ao som do canto gregoriano, ou às missas matinais celebradas pelos monges que vivem no local. Um colégio de meninos é mantido pela comunidade religiosa, além de uma faculdade de teologia, uma casa de retiros e uma obra social.

Interior do Convento de São Bento.
Benjamin Mary, 1835.
Coleção Geyer / Museu Imperial

Os portugueses eram grandes construtores de fortificações em pedra e de embarcações de longo curso, meios essenciais para a expansão e o controle do império que formavam ao redor do mundo. Já nos primeiros tempos da colonização do Brasil, a construção naval foi iniciada no Rio de Janeiro com o aproveitamento da mão de obra indígena e das madeiras de lei encontradas em abundância. Desde 1660, a ilha que os temiminós conheciam por *paranapuan* e os portugueses chamavam "do governador", em referência a Salvador Correia de Sá (c.1547-1631), abrigava um importante estaleiro. Ali, na chamada Ponta do Galeão da Capitania Real do Rio de Janeiro, foi lançado ao mar, em 1665, um galeão com 55 metros de comprimento denominado *Padre Eterno*. Era tido como o maior navio de guerra de seu tempo e, quando entrou no porto de Lisboa, depois de cruzar o Atlântico carregado de armamentos, consagrou de vez a vocação de seu porto de origem para uma indústria tão estratégica, utilizando as madeiras da colônia.

Um porto com bons ancoradouros, protegido do mar alto e dos ventos fortes, onde os navios podiam *lançar ferro* com boa tença (profundidade) para conter a âncora e permanecer em segurança, reunia qualidades conhecidas por qualquer navegador da época, mas os portugueses sabiam o quanto isso representava, também, uma facilidade a mais para visitantes indesejados em sua colônia. A barra do Rio de Janeiro na entrada da baía, com uma boca estreita vigiada por fortalezas em ambos os lados, era a melhor proteção que um porto de mar tão estratégico poderia ter e, por isso mesmo, foi objeto de vigilância constante. Mesmo assim, muitos navios estrangeiros que se dirigiam ao sul do continente conseguiram navegar pelas águas da baía de Guanabara, entre os séculos XVI e XVIII. Alguns, com a permissão das autoridades da metrópole, furavam o bloqueio alegando que precisavam se abastecer ou contornar algum problema a bordo. Outros, simplesmente entravam. As autoridades portuguesas viviam se queixando à metrópole do contrabando praticado por navios ingleses e franceses na costa brasileira, drenando a madeira, o ouro e outras riquezas da colônia para cofres alheios. De modo que a cidade, ainda que tão protegida, foi alcançada pela visão oferecida a partir de seus ancoradouros, e é desse ponto de vista que muitas imagens do porto do Rio de Janeiro nos chegaram.

François Froger (desenhou); anônimo (gravou). *St. Sebastien, ville episcopal du Brésil*, 1695. Coleção Geyer / Museu Imperial
Publicada na obra *Relation d'un voyage fait en 1695, 1696 e 1697 aux côtes d'Afrique, Détroit de Magellan, Brésil, Cayenne et isles Antilles...* Paris, 1697 (Amsterdã, 1699)

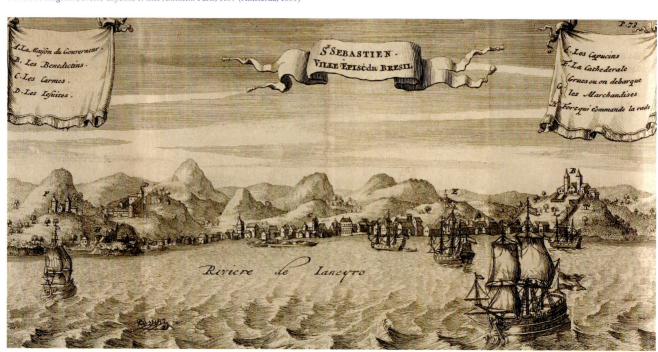

François Froger, engenheiro hidrógrafo e explorador francês, nascido em 1676 e ativo até pelo menos 1715, esteve no Rio em 1695, integrando uma expedição comandada pelo almirante Jean-Baptiste Gennes que se dirigia ao estreito de Magalhães. Com doentes de escorbuto a bordo, o almirante conseguiu autorização das autoridades portuguesas para entrar no porto e desembarcar os doentes do outro lado da baía, no arraial de São Lourenço (Niterói). O livro que Froger escreveu e ilustrou, narrando toda a sua viagem, foi publicado em Paris, em 1697 e, dois anos depois, em Amsterdã. Entre as ilustrações da obra, encontra-se a primeira imagem panorâmica do Rio de Janeiro que se conhece, em um cenário ainda vedado ao olhar estrangeiro. "Desenhada no lugar", como era costume atestar na própria imagem, a cidade retratada por Froger foi observada a partir de seu porto, com uma perspectiva frontal, de um ponto de vista elevado. A composição apresenta uma sucessão de planos e o contraponto entre os conventos que delimitavam a área urbana e a vida espiritual, colocando em evidência a relação entre natureza e cidade — comércio e vida marítima que identificaria a paisagem do Rio em muitos outros panoramas tomados a partir daí. Aproximando-nos da imagem de Froger, a partir das legendas colocadas em sua obra, temos um roteiro da cidade colonial:

A. **Casa do Governador** (residência de Sebastião Caldas, governador das capitanias do Rio de Janeiro, São Paulo e Minas Gerais, localizada na rua Direita, atual Primeiro de Março, ao lado de um trapiche)

B. **Convento dos Beneditinos** (morro de São Bento)

C. **Convento do Carmo** (atual praça XV de Novembro)

D. **Convento dos Jesuítas** (convento no morro do Castelo, demolido em 1922)

E. **Convento dos Capuchinhos** (morro de Santo Antônio, junto à igreja do mesmo nome)

F. **Catedral** (Igreja de São Sebastião, no morro do Castelo, demolida em 1922)

H. **Forte que controla a baía** (Fortaleza de Villegaignon, ainda parcialmente visível na Escola Naval, hoje ligada ao continente)

A letra G, não indicada no gravura, refere-se às "gruas onde são desembarcadas as mercadorias", e o detalhe pode ser visto junto à letra D. Trata-se do dispositivo empregado no primeiro ancoradouro da cidade, aos pés do Convento dos Jesuítas, justamente para levantar morro acima as pedras empregadas em sua construção, todas vindas de Portugal. O lugar ficou conhecido como o porto dos padres, e por ali chegavam, nos primeiros tempos da cidade, as mercadorias que subiam ao Castelo.

A passagem pelo Rio de Janeiro, porto de arribada para aqueles que conseguiam fazer uma parada de emergência e navegar em suas águas em respeito às convenções marítimas internacionais, foi utilizada muitas vezes como mero pretexto para a coleta de informações preciosas. Por isso mesmo, as tripulações desses navios eram vigiadas de perto pelas autoridades portuguesas e não tinham autorização para desembarcar. Ainda assim, a beleza do lugar, a excelência dos ancoradouros, a abundância de água fresca e a exuberância da vegetação eram comentários sempre presentes nas narrativas desses viajantes. O comandante Louis Antoine de Bougainville (1729-1811), frustrado por esta situação ao realizar a primeira expedição dos franceses ao redor do mundo, em fins do século XVIII, comentou:

> "A vista d'esta baía causará sempre o mais vivo prazer aos viajantes. Nada é mais rico do que o aspecto das paisagens que se apresentam de todos os lados; e nós teríamos a maior satisfação se pudéssemos gozar por algum tempo d'esses encantos".[7]

Outros estrangeiros, ao contrário, vieram para o Brasil contratados pelos portugueses justamente para reforçar o sistema de defesa de seus portos. O sueco Jacques Funck (1715-1788) foi um deles. Engenheiro militar, falava um pouco de francês, alemão e inglês quando se apresentou, em 1864, ao posto oferecido em Lisboa para um grande projeto de reforma nas fortalezas da colônia, consideradas em mal estado de conservação e despreparadas para a sua função, sem plataformas, canhões e outros requisitos de artilharia.

O minucioso plano elaborado por Funck acabou não sendo integralmente aproveitado quando as obras nas fortificações do Rio de Janeiro tiveram, de fato, um grande impulso, sob a administração do marquês do Lavradio, iniciada em 1769. Mas ele pode ser conhecido através dos desenhos técnicos do engenheiro que hoje se encontram em museus e bibliotecas, ou por meio de uma visita a esses locais, na sua maior parte abertos ao público.

Os franceses, particularmente, nunca deixaram de frequentar as águas da *guanabara*, conhecidas desde antes da fundação da cidade do Rio de Janeiro. Com expedições de passagem que se abasteciam de víveres e informações, além da ação de corsários e contrabandistas, gerações de cartógrafos traçaram a fisionomia da costa brasileira durante o período de domínio colonial. A geografia moderna estava nascendo, e a ciência e seus instrumentos faziam da cartografia uma arte cada vez mais complexa e precisa na exploração do mundo. Os mapas multiplicavam-se e com eles um amplo vocabulário foi incorporado à representação dos oceanos e dos continentes, bem como à denominação dos lugares recém-identificados: ancoradouro, atracadouro, cais e assim por diante. A matriz dessas denominações, muitas das quais já desaparecidas do nosso convívio, era a observação, a comparação e a descrição dos lugares. Com a palavra 'saco', por exemplo, o português exprimia em termos geográficos a noção de uma pequena cavidade na terra banhada pela água do mar. Alguns mapas antigos incluídos neste livro trazem, por exemplo, o saco do Alferes e o saco da Gamboa, posteriormente desaparecidos pelos aterros na região portuária.

---
[7] Fausto Sousa, "A baía do Rio de Janeiro", *Revista do Instituto Histórico e Geográfico Brasileiro*, tomo 44, 1881, parte 2, p. 270. O autor transcreve a opinião de diversos viajantes sobre a baía de Guanabara.

Este mapa integra o atlas *Netuno Oriental* publicado por Jean-Baptiste-Nicolas-Denis d'Après de Mannevillette (1707-1780). Aos 12 anos, o navegador e hidrógrafo já tinha acompanhado o pai em uma expedição à Índia. Coleção Geyer / Museu Imperial

Plano da Fortaleza da Conceição, situada em elevação ao norte da cidade (1768). Coleção Geyer / Museu Imperial

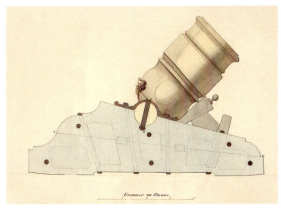

Proposição de um novo modelo de peça de artilharia (1770) Coleção Geyer / Museu Imperial

O estudo, a divulgação, a valorização e a preservação das fortificações militares no Brasil e no mundo integram os objetivos do Projeto Fortalezas Multimídia da Universidade Federal de Santa Catarina (UFSC) o qual pode ser conhecido através do site www.fortalezasmultimidia.com.br

A esquadra de Duguay-Trouin entrando no Rio de Janeiro, em ilustração do século XIX de Ferdinand Perrot (1808-1841)
Coleção Geyer / Museu Imperial

INVASÕES FRANCESAS

Em agosto de 1710, uma frota de seis navios comandada pelo capitão francês Jean-François Duclerc (? - 1711) tentou dominar a cidade, sem sucesso. Barrados pelas fortalezas na entrada da baía, os navegantes só conseguiram desembarcar na região de Guaratiba e tiveram que caminhar vários dias na mata até entrar na cidade, de onde travaram os primeiros combates. Encurralados pelas forças locais em um trapiche no porto, acabaram derrotados, com Duclerc preso na fortaleza do morro do Castelo. Pouco depois foi assassinado; crime sem punição, porque os responsáveis nunca foram identificados.

Em setembro de 1711, outra esquadra francesa, composta agora por 20 navios, 5.600 homens e 738 canhões, veio passar a limpo essa história. Comandada pelo almirante René Duguay-Trouin (1673-1736), a esquadra bombardeou a cidade, dominando-a em poucos dias, diante de uma população completamente aterrorizada e de autoridades que jamais foram perdoadas por sua "falta de ânimo e discernimento" (o governador acabaria condenado à prisão perpétua em uma prisão portuguesa na Índia).

Os franceses ocuparam a ilha das Cobras e os morros de São Diogo, Livramento e Conceição, desembarcando 3.800 homens na praia do Valongo, sob as ordens de três comandantes subordinados a Duguay-Trouin. A fortificação então existente no Morro da Conceição serviu de alojamento para o almirante, mas a estadia ali foi curta. Para livrar a cidade de incendiá-la e arrasá-la com novos bombardeios, Duguay-Trouin exigiu o pagamento de um vultoso resgate. Quando deixou a cidade, dois meses depois, os navios franceses estavam bem mais carregados do que na chegada ao porto do Rio de Janeiro.

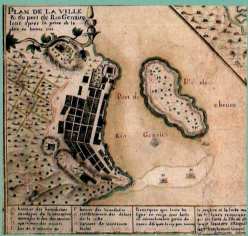

Mapa raríssimo do Rio de Janeiro, em 1711, elaborado pelos franceses, durante a invasão da cidade.
Coleção Geyer / Museu Imperial

As fortificações mapeadas.

MUSEU CARTOGRÁFICO DO SERVIÇO GEOGRÁFICO DO EXÉRCITO

O Morro da Conceição formava um quadrilátero, quadrilátero com outros três morros, que circunscrevia a área central da cidade colonial, entre os séculos XVI e XIX. Como o morro de São Bento, ele chegou aos nossos dias resistindo aos arrasamentos e aterros que marcam a paisagem construída pela ocupação humana no Rio de Janeiro, enquanto os morros do Castelo e de Santo Antônio foram completamente demolidos nas décadas de 1920 e 1950, respectivamente.

Erguido no alto do morro, em 1634, o chamado Palácio Episcopal, ou simplesmente Palácio da Conceição, serviu como residência oficial do bispo do Rio de Janeiro, entre 1702 e 1905. Bem ao lado, encontra-se a Fortaleza da Conceição, construída no local da primitiva fortificação era um dos pontos estratégicos de defesa da cidade que sucumbiram à invasão francesa, em 1711. As duas edificações, tombadas pelo Patrimônio Histórico, abrigam hoje as instalações, os serviços e o precioso acervo do Serviço Geográfico do Exército, criado em 1890. Ali se encontram alguns dos mapas mais importantes do país, entre outros documentos, livros e instrumentos científicos que formam o Museu Cartográfico do Serviço Geográfico do Exército.

O universo fantasioso, de longa tradição na cultura marítima, associado às navegações oceânicas se estendia aos lugares em terra, com base nas visões, lembranças e descrições dos viajantes. Aqueles que chegavam ao porto do Rio de Janeiro depois da longa e exaustiva travessia no Atlântico costumavam enxergar, na entrada da baía, um gigante deitado de costas. Varnhagen comentou o fato, considerando que essa aparição encantava e, ao mesmo tempo, tranquilizava os viajantes, uma vez que os riscos da travessia já pareciam terminados. A imagem curiosa, formada pela junção da pedra da Gávea com o maciço da Tijuca e o Pão de Açúcar, vistos da costa, foi reproduzida pelos que tinham habilidade com o lápis e o pincel e depois transposta para a gravura nas páginas das publicações ilustradas. Inspirada no perfil das montanhas, mas também na docilidade do cenário tomado assim à distância, a figura desse guardião da natureza à entrada de uma das mais belas baías do mundo conferia mais uma singularidade a esse porto de mar excepcional.

O gigante, visto pelo francês Adolphe d'Hastrel, 1841
Coleção Geyer / Museu Imperial

O gigante, visto pelo príncipe Adalberto da Prússia, 1842
Coleção Geyer / Museu Imperial

O GIGANTE DE PEDRA

Gigante, orgulhoso, de fero semblante,
Num leito de pedra lá jaz a dormir!
Em duro granito repousa o gigante,
Que os raios somente puderam fundir.
(...)
E lá na montanha, deitado dormido
Campeia o gigante, - nem pode acordar!
Cruzados os braços de ferro fundido,
A fronte nas nuvens, os pés sobre o mar!
(...)

Porém, se algum dia fortuna inconstante
Puder-nos a crença e a pátria acabar,
Arroja-te às ondas, ó, duro gigante,
Inunda estes montes, desloca este mar!

Gonçalves Dias,
Últimos cantos, 1851

As visões panorâmicas tomadas a partir da baía de Guanabara davam a conhecer a circulação de embarcações e cargas no porto do Rio de Janeiro, mas também o movimento de pessoas e ideias representado por aqueles que assinam boa parte dessa iconografia. Porto de mar e de defesa, mas também porto de passagem e de contemplação da cidade, o Rio de Janeiro foi se incorporando ao imaginário das navegações internacionais por narrativas textuais e visuais de diferentes procedências. O registro documental era uma etapa inerente ao processo de identificação dos lugares e de expressão de tudo o que se queria mapear e controlar. Produzidas pelo olhar de artistas viajantes e navegadores, as imagens visuais integravam uma longa tradição de paisagens marinhas cultivada na Europa. Essas imagens contribuíam para o aperfeiçoamento da capacidade investigativa durante a viagem e, ao mesmo tempo, para a sistematização e a divulgação das informações coletadas no local. Perfis, panoramas, vistas, cadernetas, diários e álbuns, entre outros relatos textuais e visuais, podem ser lidos hoje como estratégias interpretativas de um mundo dado a ver, conhecer e inventariar, nos seus mínimos detalhes, pela observação pela documentação gráfica.

Cidade portuária estratégica no Império português, o Rio de Janeiro desenvolveu sua vocação mercantil e atlântica interligada ao circuito internacional de navegação e comércio. Foi considerada como "cidade aberta para o mundo", na definição do historiador Antônio Edmilson Martins ao, destacar que essa posição estratégica deve ser pensada a partir de seu porto.

PARA VER E REVER

SÃO SEBASTIÃO DO RIO DE JANEIRO, A FORMAÇÃO DE UMA CIDADE

Direção de Juliana de Carvalho, produzido pela Bang Filmes, Rio de Janeiro, 2015.

O documentário conta a história da formação da cidade do Rio de Janeiro, fundada em 1565, entre os morros Cara de Cão e Pão de Açúcar, focalizando a natureza exuberante, os vestígios arquitetônicos e as reformas urbanísticas que marcaram essa história. "Uma cidade fundada na paisagem que encarna como poucas o sonho da metrópole tropical", segundo a produção do filme.

"Vista da cidade tomada do ancoradouro", escreveu o inglês Henry Chamberlain, em 1820
Coleção Geyer / Museu Imperial

Desembarque, na praia dos Mineiros, de africanos escravizados. Rugendas, c. 1825
Acervo Fundação Biblioteca Nacional

COMÉRCIO, ESCRAVIDÃO
E OUTROS INFORTÚNIOS

O PORTO NATURAL QUE VIU NASCER

a cidade de São Sebastião do Rio de Janeiro, no século XVI, não é fácil de ser reconhecido em uma mapa da atualidade. Muitas pontas, sacos e outros acidentes geográficos foram renomeados desde a época e alguns simplesmente desapareceram. Diante do núcleo urbano, na região portuária dos nossos dias, a ilha da Madeira virou das Cobras, e a dos Ratos, Fiscal. Com os inúmeros aterros realizados no século XX, as ilhas dos Melões e das Moças foram incorporadas aos bairros de Santo Cristo, São Cristóvão e Caju; a estreita faixa de terra entre o Pão de Açúcar e o morro Cara de Cão transformou-se no bairro da Urca; a ilha de Villegaignon sumiu nas bordas do aeroporto Santos Dumont, e o Parque do Flamengo, ou simplesmente o Aterro, acabou concedendo prestígio à palavra que melhor expressa a forma de ocupação das áreas pantanosas e os avanços sobre o mar no Rio de Janeiro.

Planta da cidade do Rio de Janeiro, levantada em 1812, com a localização de armazéns e trapiches e numeração das ruas
Gravada em 1817, por P. S. F. Souto
Coleção Geyer / Museu Imperial

OUTRO TEMPO, OUTRAS PAISAGENS

"Se pudéssemos, de alguma maneira, voltar ao passado – mais exatamente ao ano de 1565, data de fundação da cidade – e conseguíssemos, driblando a impertinência dos índios, atracar nossa caravela na extensa marinha da cidade, mais precisamente na atual praça XV, teríamos uma grande surpresa: o local seria irreconhecível. O grande descampado ocupado atualmente pela praça simplesmente não existia, já que foi fruto de recuos de mar e de aterros ao longo do século XVII, obrigando os recém-chegados vindos pelo mar a desembarcarem à beira da atual rua Primeiro de Março, pois o mar chegava até ali. Já em terra firme, e numa rápida olhada em torno, mal entenderíamos onde viemos parar. À nossa direita, um grande alagado, à nossa esquerda, um morro de 60 m de altura (o Castelo), ocupando considerável área ao alcance de nossas vistas.
(...) As duas elevações que dividiam as praias do Valonguinho, da Gamboa e parte do saco do Alferes da área central da cidade eram conhecidas, em inícios do século XIX, pela denominação única de morro do Livramento. A partir de meados do século, nomes diferentes distinguiam esses morros. Morro do Livramento passou a designar apenas a elevação mais próxima ao Morro da Conceição. A outra elevação recebeu dois nomes: a ponta do morro que entrava pela planície, quase tocando a linha férrea, ficou conhecida como morro da Formiga, e o restante como morro da Providência".

Elizabeth Cardoso et al., *História dos bairros: Saúde, Gamboa, Santo Cristo*, Rio de Janeiro: Índex; João Fortes Engenharia, 1987, p. 13, p. 76-77.

Os exemplos de transformação da paisagem natural pela mão do homem são muitos. Um mapa desenhado em 1812 nos ajuda a reconhecer a região portuária ainda sem as grandes intervenções que, em princípios do século XX, alteraram completamente a fisionomia do lugar. Entre os acidentes geográficos destacados, encontramos a Prainha, o Valonguinho e o Valongo, o costão de Nossa Senhora da Saúde, o saco da Gamboa e o saco do Alferes - enfim, o traçado original de uma região onde, hoje, uma grande transformação está novamente em curso. O contorno da orla marítima em frente à área central da cidade e a nomenclatura dos logradouros públicos no período colonial revelam a profunda modificação vivida pelo porto do Rio de Janeiro desde então.

O porto estratégico para a defesa dos interesses da metrópole e o controle da navegação estrangeira no Atlântico Sul converteu-se em porto de comércio na capitania do Rio de Janeiro. O embarque do pau-brasil destacava-se, desde os primeiros tempos do pacto colonial, como atividade muito lucrativa, sujeita à mais rigorosa fiscalização, ainda que as autoridades portuguesas tenham sido incapazes de evitar a extração e o contrabando ao longo da costa brasileira. As leis e os regulamentos da metrópole que restringiam o estabelecimento de manufaturas no Brasil também submetiam a circulação de quaisquer mercadorias pelos portos brasileiros à permissão da Coroa e ao pagamento de elevados tributos. Do século XVII ao XIX, o porto comercial tornou-se ainda mais importante como porto de desembarque da principal *mercadoria* de toda a sua história: africanos escravizados que vinham suprir de mão de obra as atividades mineradoras na Bolívia e em Minas Gerais, bem como as atividades agrícolas de diversas regiões do Brasil. Porto de riquezas para uns e de infortúnios para muitos, o *sinistro comércio* no Rio de Janeiro garantiu o ouro e a prata para os cofres de Portugal, Inglaterra e muitos outros.

Navios ingleses e franceses ancorados no porto do Rio, vistos da ilha de Villegaignon, pelo artista inglês Emeric Essex Vidal, em 1835
Coleção Geyer / Museu Imperial

A caça das baleias no porto do Rio, em pintura de Leandro Martins (1738-1798), vendo-se ao fundo, à esquerda, a Armação da Praia Grande (hoje Niterói), local de extração do óleo e outros derivados
Acervo Museu Nacional de Belas Artes

Desde os primeiros tempos da cidade, a chamada pesca da baleia prosperou em seu porto, também submetida ao estrito controle da metrópole. A baleação, ou caça às baleias, uma prática ancestral na história humana, já era realizada pelos portugueses em águas costeiras do Mediterrâneo e dos Açores antes do século XVII, quando foi introduzida em águas brasileiras. Era, então, uma das poucas indústrias que podiam ser praticadas na colônia, depois de obtida a concessão das autoridades para a exploração e o comércio dos derivados, tornando-se muito importante na vida marítima do Rio de Janeiro. Comum em vários pontos da costa brasileira, a primeira *armação* da capitania ficava em Niterói. Nas armações, eram aparelhadas as embarcações e instalados os armazéns para o beneficiamento dos produtos que podiam ser extraídos da baleia, como o óleo combustível. Porto de mar e de comércio, mas também de caça e de pesca, a baía de Guanabara tinha armações em diversos pontos da orla, como a praia do Arpoador, na zona sul do Rio. Essas antigas armações, ainda visíveis, lembram as baleias nas águas claras daquele primitivo porto de mar, hoje ameaçadas de extinção, e a existência de uma prática felizmente já não mais realizada aqui e na maior parte do mundo.

BALEIAS À VISTA

"Baleias frequentaram a Guanabara no inverno durante muito tempo e sua pesca era das mais rentáveis. A carne era saborosa, as barbatanas serviam de lixa e sua gordura, o óleo, era combustível. Mais: o óleo misturado a conchas trituradas dava uma argamassa resistente como poucas para a construção de prédios. Os escravos às vezes bebiam o óleo direto do lampião, era alimento.

(...) Quando acontecia de uma baleia aparecer morta na praia, era festa – rápido chegavam canoas de todas as partes, quem estava perto largava o que tinha de fazer e, com panelas, iam todos pegar de graça aquilo pelo que, em geral, pagavam caro. Mas tinha um defeito: depois de tudo que valia algo ser extirpado, era dificílimo livrar-se das tripas que sobravam, e o cheiro ocupava a cidade por dias. Não é à toa que as armações ficavam sempre longe".

Pedro Doria, *1565, enquanto o Brasil nascia: a aventura de portugueses, franceses, índios e negros na fundação do país*, Rio de Janeiro: Nova Fronteira, 2012.

A atividade pesqueira em pequenas embarcações, c. 1840
Coleção Geyer / Museu Imperial

A população do Rio de Janeiro cresceu e se concentrou, no século XVII, entre os morros do Castelo, de São Bento, de Santo Antônio e da Conceição. A área plana localizada na parte baixa entre esses morros formava uma espécie de quadrilátero, entrecortado pelas ladeiras que davam acesso ao alto dos morros e umas poucas ruas que cruzavam a área central, onde conviviam repartições governamentais, casas comerciais, diversas oficinas e sobrados residenciais. Nas imediações do largo do Paço, erguiam-se edifícios públicos e ricos sobrados da aristocracia, à semelhança de Lisboa e outras cidades portuguesas. A cidade e o porto, àquela altura, misturavam-se na paisagem do Rio, e o *grosso trato*, comércio em grande escala de madeiras, açúcar, charque, sal, couros e escravos, vai dominando a economia portuária. São atividades que dividem as águas da Guanabara com o pequeno varejo de toda sorte de víveres e o trânsito de barcos a remo entre as margens da baía e as grandes embarcações.

"No começo do século XVII, a cidade do Rio de Janeiro se expandiu pela várzea e pelas encostas dos morros que cercavam a planície próxima ao litoral. O morro do Castelo foi sendo progressivamente abandonado pelas autoridades governamentais e pelos seus habitantes. A região portuária ganhou cada vez mais importância no contexto urbano, com o crescimento do cais, o prolongamento das primeiras ruas até o mar e a construção de vários prédios assobradados nas suas proximidades, nos quais as atividades mercantis e artesanais se desenvolveram. No porto carioca, o desembarque de mercadorias provenientes do Reino e das demais possessões portuguesas ampliou-se. O comércio dos produtos agrícolas originários das fazendas do recôncavo carioca, a pesca das baleias na baía de Guanabara e o tráfico de escravos, provenientes especialmente de Angola e do Congo, dinamizaram as atividades que se realizavam nos vários logradouros públicos que foram surgindo nesta região. O movimento portuário também se desenvolveu graças à exportação da farinha de mandioca, de cachaça, de madeira, de peixe salgado e de óleo de baleia para a iluminação, produzidos no Rio de Janeiro e destinados às capitanias do Norte e do Sul, ao litoral de Angola e ao estuário do rio da Prata." [1]

[1] Maria Celia Fernandes, *Arquivo da Cidade do Rio de Janeiro: a travessia da "arca grande e boa" na história*, Rio de Janeiro: Secretaria Municipal de Cultura, Arquivo Geral da Cidade do Rio de Janeiro, 2011.

O pintor Sunqua, de origem chinesa, do qual pouco de sabe, pintou um panorama circular da baía do Rio de Janeiro por volta de 1830. Nestes dois detalhes, a progressiva diferenciação dos espaços da cidade, com o direcionamento das atividades portuárias para as proximidades do Mosteiro de São Bento (à direita) e dali para o Valongo
Coleção Geyer / Museu Imperial

Em 1620, ficou estabelecido que nenhum navio seria carregado de açúcar, aguardente ou mandioca para exportação pelo porto do Rio de Janeiro sem que trouxesse de volta um bom número de escravos provindos da África. A fundação da colônia do Sacramento (atualmente uma cidade do Uruguai) pelo governador da capitania do Rio de Janeiro, em 1680, atendendo à pretensão portuguesa de intensificar o comércio de escravos com as minas espanholas, e a descoberta de grandes aluviões de ouro em Minas Gerais, com a consequente melhoria das comunicações com o interior da colônia, ampliaram consideravelmente as atividades portuárias no Rio de Janeiro no século XVIII. O trânsito de embarcações carregadas de metais preciosos, charque e outras mercadorias, o desembarque crescente de escravos para as áreas mineradoras e o aumento da arrecadação de impostos e da burocracia empregada no controle dessas atividades fizeram do porto de mar um grande porto comercial, e do empório de escravos um porto negreiro.

A província do Rio de Janeiro e sua comunicação com as Minas Gerais no século XIX. Mapa impresso em Londres, em 1872
Coleção Geyer / Museu Imperial

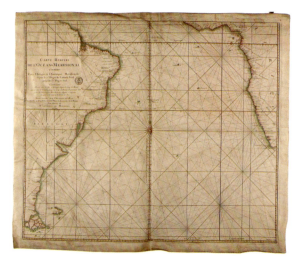

O oceano Atlântico, entre a costa brasileira e a africana, em um mapa de 1739. O tráfico de escravos intensificou a navegação atlântica e o movimento dos portos nos dois continentes
Coleção Geyer / Museu Imperial

Os negociantes de *grosso trato* do porto do Rio já controlavam, no século XVIII, o mercado de mão de obra escrava trazida por traficantes portugueses, brasileiros e angolanos e a exportação das mercadorias de diversas regiões da colônia, assim como a distribuição dos artigos manufaturados vindos de Portugal ou de outras partes do mundo (azeites, bebidas, tecidos, manufaturas), situação que se reflete na ascensão política desses grandes negociantes e na disputa que travavam com os proprietários de terras pelo poder municipal. O padre Manuel Aires de Casal destacou que a cidade do Rio de Janeiro "em razão da importância de seu porto foi sempre governada por homens de qualidade",[2] expressão que pode ser traduzida pela junção de poder econômico, político e simbólico representado pelo controle dos negócios portuários e escravistas.

Porto de passagem para os que se dirigiam ao Atlântico Sul, onde o ouro e a prata da América eram escoados, ou ao estreito de Magalhães, para alcançar o oceano Pacífico, o Rio de Janeiro era também o ponto mais próximo na costa brasileira para as embarcações que vinham de Angola. Os africanos escravizados que desembarcavam na cidade com destino à mineração vinham principalmente de lá. Angola era uma colônia portuguesa invadida por holandeses durante a União Ibérica, só retomada pela expedição comandada por Salvador Correia de Sá e Benevides (1637-1642), com financiamento dos negociantes de grosso trato do Rio e o engajamento de um exército de centenas moradores da cidade. Nos dois séculos seguintes, ela se tornaria o principal porto do tráfico de escravos em toda a América.

Comerciantes, fiscais, marinheiros, carregadores, vendedores e passantes na movimentada da rua Direita, próximo à Alfândega, no *Rio de Janeiro pittoresco*, de Louis Buvelot, 1842
Coleção Geyer / Museu Imperial

O trabalho escravo nas ruas do Rio de Janeiro, em outro álbum pitoresco de Louis Buvelot, 1845
Coleção Geyer / Museu Imperial

---

[2] Manuel Aires de Casal, *Corografia brazilica ou relação historico-geografica do reino do Brazil composta e dedicada a Sua Magestade fidelissima por hum presbitero secular do gram priorado do Crato*, Rio de Janeiro: Impressão Régia, 1817, v. 2, p. 4. Disponível em <http://www.archive.org/stream/corografiabrazilica02ayrerich#page/n5/mode/2up>.

A CIDADE E SEU ALCAIDE

Salvador Correia de Sá e Benevides, descendente dos fundadores da cidade do Rio de Janeiro, aos 10 anos já participava de combates com os indígenas. Militar notável e hábil político, foi um administrador colonial competente, com missões estratégicas para si e para o Império português, além de se tornar o maior senhor de engenhos, escravos e trapiches do porto do Rio de Janeiro. Destacou-se nas lutas pela expulsão dos holandeses do território brasileiro e, a partir de 1641, na reconquista da colônia de Angola, a maior fornecedora de mão de obra escrava para as minas e os engenhos do Brasil e da região do Prata. Como outros membros da família Sá, esteve no comando da cidade do Rio de Janeiro em diversas ocasiões e, em 1648, conseguiu reunir uma armada de 15 embarcações, com 1.400 homens, mantimentos para seis meses e muita artilharia, com a qual saiu vitorioso na expulsão dos holandeses de Luanda, capital de Angola. A vitória, conquistada antes mesmo do fim de um ano, não foi obtida apenas com o uso das armas, mas também com estratégias ardilosas que forçaram a capitulação dos súditos da rainha africana Ginga, deixando os holandeses sem seu principal reforço militar. Em 1653, já de volta ao Rio como alcaide-mor da cidade, obteve do Conselho Ultramarino, em Portugal, autorização para que as embarcações carregadas no porto do Rio ficassem obrigadas a reservar 10% do espaço interno para o açúcar de seus próprios engenhos.

Uma biografia desse ilustre personagem pode ser lida em Charles Ralph Boxer, *Salvador de Sá e a luta pelo Brasil e Angola (1602 - 1686)*, São Paulo: Brasiliana, 1973.

O lugar por onde entravam e saíam tantas riquezas era também o porto por onde chegavam pessoas doentes e, com elas, os riscos de alguma epidemia que poderia dizimar boa parte da população da cidade. Assim, o porto de comércio e de desembarque de escravos não demoraria a se transformar também em porto sujo, expressão usada para designar o porto onde se propagara alguma doença contagiosa. Em várias ocasiões, o Rio de Janeiro foi considerado um porto sujo, e a febre amarela chegaria a ocupar mais espaço nas páginas dos jornais do que a beleza da baía de Guanabara. Não foram raros os navios com uma bandeira negra que chegaram ao Rio, sinalizando tal ameaça a bordo. Em 1582, a cidade ainda estava na infância quando a frota espanhola comandada por Pedro Sarmiento de Gamboa, com 23 embarcações e mais de 3 mil homens, entrou no porto apresentando uma grave situação sanitária. Além de contabilizar mais de 150 mortos, muitos lançados ao mar ainda durante a travessia, vários doentes precisaram de isolamento para não contaminar o restante da tripulação. Quando a frota deixou a baía de Guanabara, ainda teve que enfrentar os estragos causados pela ferrugem, pois o calor e a umidade tinham corroído a madeira, as cordas e os pregos de alguns navios.[3]

As infecções mais comuns nas travessias marítimas da época eram o cólera, o escorbuto e a varíola, além de distúrbios gastrointestinais, verminoses e uma infinidade de doenças de pele. As ilhas ofereciam, naturalmente, as melhores condições para o isolamento dos infectados, necessário para a proteção da cidade. A ilha de Bom Jesus da Coluna (atual ilha do Fundão) era uma delas. O lugar abrigava um hospício e um convento dos franciscanos e, nos séculos XVIII e XIX, recebia os africanos que tinham contraído alguma doença na travessia do Atlântico. A ilha de Villegaignon também funcionou como local de isolamento

[3] Jean Marcel Carvalho França, *Outras visões do Rio de Janeiro colonial; antologia de textos*. 1582-1808, Rio de Janeiro: José Olympio, 2000, p. 13-22.

O trânsito de passageiros nas proximidades da Fortaleza de Villegaignon, Pieter Gottfried Bertichem, c. 1856
Coleção Geyer / Museu Imperial

para passageiros que chegaram ao Rio de Janeiro em maior quantidade depois de 1808 – sendo apelidada de o "degredo das bexigas", zombaria ao estilo carioca para uma das principais moléstias sanitárias do porto do Rio de Janeiro à ocasião, a varíola.

Epidemias de febre amarela, peste bubônica ou cólera-morbo eram ameaças que aterrorizavam a população de cidades portuárias. Em 1843, um decreto instituiu que a inspeção de navios e a quarentena de doentes nos portos ficavam a cargo do Ministério dos Negócios do Império. Os relatórios do ministério trariam sempre, a partir daí, uma seção dedicada especificamente à "saúde dos portos". Em 1851, alastrou-se a primeira epidemia de febre amarela no Rio, doença que foi especialmente devastadora entre os cortiços e trapiches da Saúde e da Gamboa, onde transitavam tripulações e trabalhadores portuários. Em 1866, o cólera-morbo já havia aparecido "a bordo de diversos navios ancorados no porto, em alguns estabelecimentos marítimos, e com maior força na fortaleza de Villegaignon", segundo o relatório ministerial daquele ano. As epidemias com altas taxas de mortalidade, ainda mais terríveis entre os africanos escravizados e transportados em precárias condições sanitárias, fizeram a má fama do porto do Rio e, por extensão, da própria cidade ao longo de todo o século XIX, quando o trânsito de viajantes em geral cresceu bastante com a abertura dos portos às nações amigas, em 1808, e a Independência do Brasil, em 1822.

Soldados, marinheiros, pedintes e aguadeiros no largo em frente à Igreja de Santa Rita, local de enterramento de escravos, por Louis Buvelot, 1842
Coleção Geyer / Museu Imperial

Louis Buvelot, Hospital dos Lázaros, c. 1842
Coleção Geyer / Museu Imperial

QUARENTENAS

O Hospital de São Lázaro foi representado em uma das pinturas de Leandro Joaquim sobre o porto do Rio de Janeiro e também no álbum pitoresco da cidade desenhado por Louis Buvelot. A associação do santo protetor aos enfermos e destes à quarentena no hospital de isolamento e prevenção de contágio deram origem à popularidade e ao temor dos lazarentos.

São Lázaro, santo identificado com a proteção dos pobres e dos doentes por aproximação a Lázaro, personagem mendigo e leproso da história do cristianismo, é representado por Obaluaê na umbanda, senhor da cura das doenças do corpo e da mente, o orixá da transição, da vida e da morte.

O Hospital Nossa Senhora da Saúde, construído em 1840 para atender viajantes, marinheiros e escravos, conhecido por Hospital da Gamboa, chegou a ter uma ponte para o transporte dos mortos diretamente para o Cemitério do Caju. O hospital funciona ainda hoje na região portuária e é uma unidade da Santa Casa da Misericórdia do Rio de Janeiro.

A história dos portos não pode ser escrita sem a história dos lazaretos, abrigos sanitários para a quarentena à qual deviam estar submetidos todos os que faziam as longas travessias da época moderna. Nesse tempo, originalmente de quarenta dias, mas variável segundo as condições do viajante, os passageiros eram obrigados a permanecer a bordo do navio em que viajaram ou a desembarcar em um lazareto até receber autorização para entrar na cidade. A quarentena era também o prenúncio de uma nova existência, sobretudo para os que chegavam da África, na condição de mão de obra escrava, em uma terra onde seriam submetidos a privações e castigos ainda mais terríveis. Em outros casos, os lazaretos eram simplesmente a antessala da morte para doenças já contraídas a bordo.

Desde a segunda metade do século XVIII, com a transferência da capital da colônia de Salvador para o Rio de Janeiro, em 1763, a cidade cresceu em termos demográficos e espaciais, estendendo-se para áreas que ultrapassavam os limites iniciais representados pelos morros do Castelo, de São Bento, de Santo Antônio e da Conceição. As sesmarias da época da fundação, desmembradas em grandes chácaras e estas, por sua vez, divididas em lotes um pouco menores, recortavam cada vez mais o espaço urbano. O crescimento do tráfico atlântico de africanos e das atividades portuárias no século XVIII demandavam um lugar mais apropriado, distante do núcleo central da cidade, para o desembarque, o comércio e a breve permanência dos escravos até que seguissem viagem para a região aurífera ou para as fazendas do interior. Os caminhos da cidade haviam se expandido e conectavam a vida urbana aos morros da Conceição e do Livramento, ao Valongo e à Saúde e às enseadas da Gamboa e do Alferes, distantes do movimento de passageiros e mercadorias na área central. A cidade portuária, além de proteger sua população das doenças trazidas pelo tráfico de africanos, assistia ao crescimento de uma sensibilidade avessa à presença de corpos sempre desnudos, famintos e doentes transitando pelos logradouros centrais.

Até fins do século XVIII, os escravos desembarcavam na praia do Peixe, em frente ao largo do Paço (atual praça XV de Novembro), sendo negociados logo adiante, na rua Direita. O *sinistro comércio* da mercadoria humana era realizado, assim, bem à vista de todos. Em 1774, ele foi transferido para a região junto à praia do Valongo, com a construção no local de um cais, concluído em 1810, destinado ao desembarque de escravos. A distância, contudo, não impediu que os estrangeiros de passagem pelo Rio de Janeiro percorressem a região ao longo do século XIX, deixando-nos relatos textuais e visuais contundentes desse universo. Desde a publicação de *A escravidão africana no Brasil* (1949), de Maurício Goulart, estima-se que cerca de 3,6 milhões de africanos teriam entrado no Brasil como escravos, entre os séculos XVI e XIX, sendo aproximadamente um quarto pelo porto do Rio de Janeiro. O *Banco de Dados do Tráfico Transatlântico de Escravos* (http://slavevoyages.org/), recentemente organizado pela Universidade de Emory, em Atlanta (EUA), com a participação de uma rede internacional de pesquisadores, elevou esses números, indicando que quase dois milhões de escravos desembarcaram no Rio de Janeiro, metade pelo Cais do Valongo. Esses homens, mulheres e crianças personificavam a carga mais valiosa desembarcada nesse porto de comércio, embora tenham recebido, paradoxalmente, o pior tratamento dentre todas as mercadorias ali negociadas.

Embarcações e trapiches da praia dos Mineiros e a rua Direita, aos pés do morro de São Bento, em direção ao Castelo (no alto, ao fundo), primeira metade do século XIX
Coleção Geyer / Museu Imperial

O porão de um navio negreiro registrado por Rugendas em sua estadia no Rio de Janeiro, c. 1825
Acervo Fundação Biblioteca Nacional

As obras de Jean-Baptiste Debret e de Johann Moritz Rugendas,[4] dois artistas que estiveram no Rio de Janeiro nas primeiras décadas do século XIX, são amplamente conhecidas em seus múltiplos aspectos. Ambos representaram personagens e cenas do cotidiano do Brasil escravista inspirados por seus respectivos projetos artísticos. Ambos comungavam uma ideia de civilização baseada em estágios evolutivos e hierárquicos das sociedades, da mais *primitiva* à mais complexa ou *civilizada*. Ambos representaram o escravo como personagem onipresente nas ruas da cidade, acentuando os traços morfológicos e os tipos sociais que formavam. A região portuária não poderia, portanto, estar ausente dessas obras. O traço de Rugendas representa de forma clara o processo de incorporação do africano à sociedade escravista: a travessia, a chegada, o alojamento e a venda, mas também a contemplação da paisagem que se impunha ao africano recém-chegado para a apropriação dessa nova realidade.

---

[4] Jean-Baptiste Debret, *Viagem pitoresca e histórica ao Brasil, 3 tomos*, São Paulo: Edusp, 1989; Johann Moritz Rugendas, *Viagem pitoresca através do Brasil*, São Paulo: Edusp, 1979.

Africanos recém-desembarcados e mercadores em negociação no interior de um depósito, Rugendas, c. 1825
Acervo Fundação Biblioteca Nacional

Esta imagem emblemática expõe aos nossos olhos os corpos de africanos seminus, amontoados uns sobre os outros, esparramando-se pelo chão, com olhares que se cruzam e se indagam, sob a inspeção vigilante de mercadores de escravos. Desde que foi desenhada por Rugendas (c. 1825), no porto do Rio de Janeiro, e publicada na Europa dez anos depois, no álbum de sua viagem ao Brasil (c. 1835), ela já foi reproduzida em diversos livros e exposições. Essas referências poderiam bastar para a compreensão da cena que o artista representou, comunicando-se com os sentimentos do observador como poucos.

Mas os nossos olhos também recortam a imagem, acompanhando a direção do olhar de alguns adultos para a criança que desenha em uma parede a embarcação e os personagens que se apresentavam aos seus olhos ingênuos, nesse porto de incertezas. Um detalhe que faz toda a diferença, pois nesse trágico contexto de *coisificação* da pessoa, ele sugere que, mesmo escravizado, o indivíduo é agente de sua própria história. Esse é um modo de ver, conhecer e narrar a história daqueles que, mesmo submetidos à escravidão, continuavam com a imaginação livre.

A cidade do Rio de Janeiro é o principal cenário de Debret, focalizada pelo artista no interior de um amplo projeto que tinha como objetivo "compor uma verdadeira obra histórica brasileira". A intenção de explicar o Brasil pela interpretação dos estágios civilizatórios dos povos que o compõem é apresentada pelo artista ao longo de sua obra, descrevendo as pranchas com as ilustrações que produziu antes de finalizar a sua escrita. Nessa extensa narrativa, ao mesmo tempo textual e visual, o trabalho é um conceito-chave e aparece em diversas cenas que representam a região portuária por meio de pequenos ofícios (barbeiros, vendedores), atividades ligadas ao grande comércio (carpinteiros, construtores etc.) ou do consumo local (aguadeiros, quitandeiras).

Negociantes, militares e escravos de ganho em um fim de tarde diante do cais, junto ao Paço. Jean-Baptiste Debret, 1826
Acervo Fundação Biblioteca Nacional

É Debret quem explica a imagem:
"*A cena desenhada aqui se passa nas proximidades do largo do Palácio, perto do Mercado do Peixe. Dois negros de elite estão sentados no chão; a medalha daquele que está ensaboado indica seu emprego na Alfândega. Ambos aguardam, numa imobilidade favorável aos seus barbeiros, o momento quando lhes retribuirão a habilidade com a módica importância de dois vinténs*".
Jean-Baptiste Debret, 1826
Acervo Museus Castro Maya

Embarque de lenha para consumo doméstico em pequenas embarcações no interior da baía. Jean-Baptiste Debret, 1826
Acervo Museus Castro Maya

Embarque de cavalos no porto do Rio em direção à praia Grande (Niterói)
Jean-Baptiste Debret, 1826
Acervo Museus Castro Maya

"É na rua do Valongo que se encontra, no Rio de Janeiro, o mercado de negros, verdadeiro entreposto onde são guardados os escravos chegados da África. Às vezes pertencem a diversos proprietários e são diferenciados pela cor do pedaço de pano ou sarja que os envolve, ou pela forma de um chumaço de cabelo na cabeça inteiramente raspada".

Jean-Baptiste Debret

"Gostais da África? Ide, pela manhã, ao mercado próximo do porto. Lá está ela, sentada, acocorada, ondulosa e tagarela, com seu turbante de casimira, ou vestida de trapos, arrastando as rendas ou os andrajos. É uma curiosa e estranha galeria, onde a graça e o grotesco se misturam".

Charles Ribeyrolles

O tráfico de escravos africanos, combatido no fim do século XVIII, tornou-se ilegal, em princípios do século XIX, na maioria dos países europeus. Em 7 de novembro de 1831, o governo imperial proibiu formalmente a entrada de escravos no país, prevendo penalidades para quem vendesse, transportasse ou comprasse africanos em todo o território brasileiro. "Lei para inglês ver", como se disse na época. A Inglaterra pressionava pelo fim do tráfico de escravos desde as negociações pelo reconhecimento da independência do Brasil. As campanhas abolicionistas no país e a enorme pressão da opinião pública inglesa pelo fim da escravidão em suas colônias, abolida em 1807, voltaram-se mais tarde contra a escravidão em outras latitudes. Os capitalistas ingleses também visavam à competitividade do açúcar das Antilhas no mercado internacional frente ao preço do açúcar brasileiro, produzido com mão de obra escrava, além da abertura de novos mercados consumidores para os artigos que saíam de suas fábricas e manufaturas.

O aumento da produção de café no vale do Paraíba, no interior da província do Rio de Janeiro, a partir da década de 1830, promoveu uma grande expansão no comércio exportador, nas atividades portuárias, com a multiplicação dos trapiches em toda a orla da Prainha ao saco do Alferes, e no pessoal ali empregado (somente o Ferreirinha chegou a possuir 200 escravos). Desalojado da estrutura do cais, dos trapiches e dos leilões que formavam o antigo mercado do Valongo, o comércio da mão de obra escrava se viu forçado a realizar o desembarque da *mercadoria humana* em praias mais afastadas da baía e do litoral da província. Em 4 de setembro de 1850, a Lei Eusébio de Queirós proibiu finalmente o tráfico negreiro, afetando, de fato, a continuidade do desembarque sistemático de africanos escravizados que chegavam ao Brasil, até a completa extinção da escravidão, em 1888.

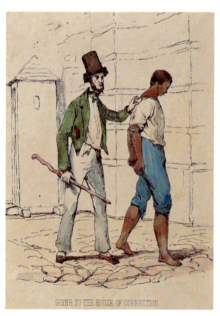

"Indo para a Casa de Correção", escreveu Eduard Hildebrandt para o álbum *Souvenir do Brasil*, de Ludwig & Briggs (c. 1846-1849)
Coleção Geyer / Museu Imperial

Os infortúnios no porto do Rio não se restringiam às doenças contagiosas trazidas pelos navios, ao isolamento de passageiros em quarentena ou ao desembarque de escravos desnudos e famintos. Eles eram acrescidos do cotidiano de castigos e punições nos próprios navios, dos enforcamentos em praça pública e das terríveis condições de um dos mais famosos estabelecimentos prisionais da cidade. A forca, localizada na Prainha, onde hoje é a praça Mauá, foi desmontada em 1834 por pressão religiosa, mas ainda chegou a ser usada em muitas outras ocasiões. Já o presídio do Aljube, junto à ladeira da Conceição, teve uma história mais longa, ligada ao próprio crescimento da cidade. O lugar, construído na primeira metade do século XVIII como presídio eclesiástico, foi transformado posteriormente em cadeia comum, e os presos, em mão de obra para a construção de caminhos e aterros. Ali chegaram a estar aglomerados cerca de 400 prisioneiros em um espaço com capacidade para apenas 20 indivíduos (conforme relato da comissão da Câmara Municipal encarregada de visitar os estabelecimentos públicos de caridade e as prisões civis, militares e eclesiásticas do Rio de Janeiro, em 1828). O Aljube foi desativado com a construção do presídio da rua Frei Caneca, em meados do século XIX, quando "os sinos da Igreja de Santa Rita deixaram, por fim, de tocar à saída dos 'padecentes' para a forca da Prainha ou do largo do Capim".[5]

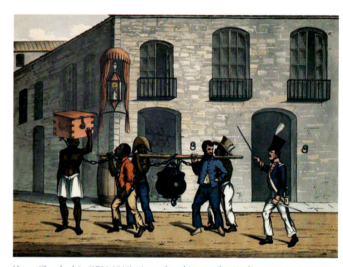

Henry Chamberlain (1796-1844), pintor, desenhista e militar inglês, retratou o transporte de comida recolhida na Santa Casa da Misericórdia para o presídio na Prainha
Acervo Fundação Biblioteca Nacional

---

[5] Brasil Gerson, *História das ruas do Rio, 5ª ed.*, revisão e notas de Alexei Bueno, Rio de Janeiro: Lacerda, 2000, p. 142.

ALJUBE, UMA PRISÃO ESQUECIDA

Considerada "um anacronismo vergonhoso na capital do Império", a prisão do Aljube não deixou rastro na região portuária, mas as memórias do lugar sobrevivem em documentos de época, no relato de cronistas do Rio e, infelizmente, na persistência de suas práticas. O pesquisador Carlos Eduardo Araújo, ao coletar a história de um dos presos do Aljube, em 1809, fala-nos de outros crimes no porto do Rio de Janeiro:

> "Não obstante, os cárceres da Corte tenham sido verdadeiros sepulcros, alguns desses degredados conseguiram entrar com recursos na Casa de Suplicação. Através desses documentos conseguimos conhecer um pouco da história de alguns homens presos no Aljube. Como exemplo, podemos citar a história de Manuel Loureço Teixeira. Ele foi preso porque a polícia encontrou em sua casa um baú de livros furtado a bordo da Nau Medusa e que pertencia ao conselheiro de Estado Antônio de Araújo e Azevedo. Um simples furto não seria um caso de degredo. Entretanto o produto do furto pertencia a um político influente. Na sua defesa Manuel alegou que um sargento de Brigada havia lhe entregue o baú para que os livros fossem vendidos em sua loja. Para provar que estava agindo de boa-fé, o réu alegou que o baú foi exposto a "vista de todos". Quando a polícia foi cumprir um mandato de busca na localidade chamada Pedra do Sabão – onde ficava a loja de Manuel – é que este tomou conhecimento do furto dos livros da Nau Medusa, assim como moedas de Berlim, bacamartes, balas e vários gêneros. O réu foi indiciado como receptador dos gêneros furtados. Manuel Loureço foi condenado pelo Juízo da Coroa a indenizar o conselheiro, além de cinco anos de degredo em Santa Catarina".

Carlos Eduardo Moreira de Araújo, "Sentina(s) de todos os vícios: as prisões do Rio de Janeiro no final do período colonial", in *Anais do XXVI Simpósio Nacional de História – ANPUH*, São Paulo, julho de 2011, p. 7-8.

A crônica de acidentes, crimes, revoltas, prisões, incêndios, naufrágios e outros acontecimentos trágicos nas águas da Guanabara é tão extensa quanto a de qualquer grande porto de mar. Tragédias duradouras, como a conversão do velho navio *Príncipe Real*, que trouxera a corte portuguesa, em 1808, em prisão flutuante onde ficavam confinados criminosos de diversas procedências e malfeitos, alguns mal falando o português, todos em condições muito precárias, como na maior parte das prisões atuais. Tragédias momentâneas, como a explosão da barca *Especuladora*, em 1844, levando 200 pessoas a bordo para a festa de São Gonçalo, do outro lado da baía, ou o incêndio do vapor italiano *Pampa*, carregado de couros, lã e café, no ancoradouro da Gamboa, em 1880, notícias que ficaram esquecidas nos jornais da época. A tragédia humana de um porto escravista foi, no entanto, muito mais profunda e duradoura na fisionomia e na alma do lugar, assim como no sofrimento e na resistência de suas vítimas.

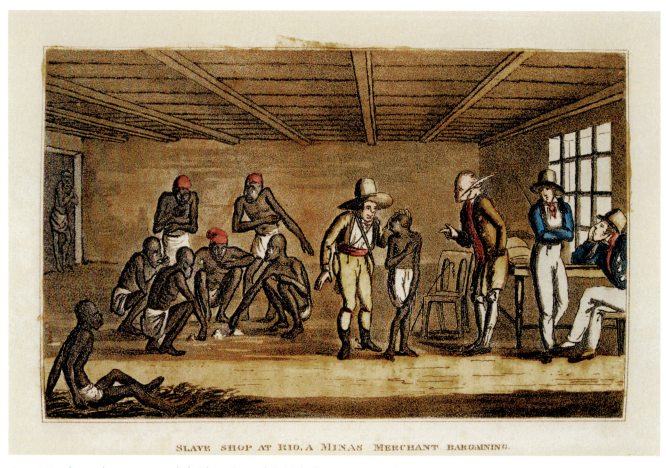

A negociação pelo preço do escravo no mercado do Valongo. Gravura de B. G. Whitaker, impressa em Londres, 1826
Acervo Fundação Biblioteca Nacional

A região portuária foi profundamente marcada pelas atividades ligadas ao comércio de escravos, mas o traçado original de suas margens e os vestígios materiais anteriores à abolição foram, pouco a pouco, apagados ou soterrados por reformas urbanísticas. Esse passado se faz presente hoje de modo muito mais vivo e intenso do que há meio século, graças ao amplo acervo de estudos sobre a escravidão no Brasil formado ao longo do período, aos movimentos e às organizações de afrodescendentes na cidade e, nos últimos anos, ao levantamento e à identificação dos lugares de memória da presença étnica dos africanos e da história de escravidão e resistência no Rio de Janeiro. Entre os lugares de desembarque de escravos e existência de um ativo comércio escravista na cidade, encontra-se, agora desvendado aos olhos de todos, a área formada pelo Cais do Valongo, o mercado e a rua do mesmo nome.

A arqueóloga Tânia Andrade Lima, do Museu Nacional, responsável pelos trabalhos de arqueologia nas obras recentes da região portuária do Rio, lembra que o Cais do Valongo havia sido identificado desde 2010. Ela conta, ainda, que havia uma sinalização no local informando onde se achava o cais da Imperatriz, enterrado por sua vez no início do século XX, mas nenhuma referência ao cais do Valongo, local que recebeu o maior número de africanos desembarcados nas Américas. Com as escavações realizadas, foram encontrados os dois ancoradouros, um sobre o outro,

As pedras do cais do Valongo / cais da Imperatriz, agora visíveis
Foto Cesar Barreto

O dossiê com a Proposta de Inscrição do Sítio Arqueológico Cais do Valongo na Lista do Patrimônio Mundial é o resultado mais recente de um longo trabalho de levantamento, pesquisa e recuperação do patrimônio sensível ligado à escravidão na cidade do Rio de Janeiro, consolidado por uma equipe multidisciplinar e enviado pelo Instituto do Patrimônio Histórico e Artístico Nacional e Prefeitura da Cidade do Rio de Janeiro, à Unesco, em 2016. Segundo as palavras do diplomata Alberto da Costa e Silva, membro do Conselho Consultivo da candidatura:

> "O Cais do Valongo merece ser considerado pela Unesco patrimônio da humanidade porque é o sítio de memória da escravidão mais completo que se conhece. Ele tem importância não apenas para a história brasileira e, portanto, para a nossa vida como nação, mas também para a história do mundo. Dizia o escritor nigeriano Chinua Achebe que a história não é boa nem má; que a história é, e nós somos esta história, com seus momentos luminosos e demorados e terríveis pesadelos, como este que parecia interminável e que nos deixou como cicatrizes profundas monumentos como o Valongo, monumentos vivos, que não precisam de nenhum texto a elucidá-los, que são pelo que são, e nos comovem pelas pedras que pisamos e pelas pedras que olhamos, pedras que receberam, depois de uma medonha viagem, os pés de muitos de nossos antepassados, e que contam um pouco desse longo capítulo trágico e espantoso da história dos homens sobre a face da Terra." [7]

e uma grande quantidade de objetos pessoais ou de culto, vindos do Congo, de Angola e de Moçambique. Para a arqueóloga, toda aquela região e não apenas o cais, era um complexo ligado ao tráfico e à escravidão, inclusive o Cemitério dos Pretos Novos e os armazéns de venda de escravos que se concentravam na rua do Valongo, atual rua Camerino:

> "Sem condições de escrever sua própria história, os escravos do Valongo deixaram para trás esses objetos, perdidos, abandonados, esquecidos ou escondidos. Através dos seus pertences, eles falam sobre suas angústias, seu desespero, mas também sobre suas esperanças e sobre as estratégias de sobrevivência que desenvolveram, em um discurso silencioso, porém extremamente eloquente. Essa foi a herança que eles puderam deixar para a sua descendência e também para a posteridade, agora recuperada pelas escavações arqueológicas." [6]

---

[6] Tânia Andrade Lima. "Arqueologia como ação sociopolítica: o caso do Cais do Valongo, Rio de Janeiro, século XIX", *Vestígios, Revista Latino-americana de Arqueologia Histórica*, Belo Horizonte, v. 7, n.1, jan-jul., 2013, p. 186

[7] Instituto do Patrimônio Histórico e Artístico Nacional. *Sítio Arqueológico Cais do Valongo; proposta de inscrição na lista do Patrimônio Mundial.* Brasília: Instituto do Patrimônio Histórico e Artístico Nacional; Rio de Janeiro: Prefeitura da Cidade do Rio de Janeiro, 2016, p.7.

PORTO DE MEMÓRIAS DO TRÁFICO DE ESCRAVOS E DOS AFRICANOS ESCRAVIZADOS

Cais do Valongo e Cais da Imperatriz, 2016 | Foto Januário Garcia

O *Inventário dos Lugares de Memória do Tráfico Atlântico de Escravos e da História dos Africanos Escravizados no Brasil* reúne uma centena de registros, com base em amplo levantamento documental, sobre os portos de chegada; os locais de quarentena e venda; o desembarque ilegal; as casas, os terreiros e os candomblés; as igrejas e as irmandades; o trabalho e o cotidiano e as revoltas e os quilombos, entre outros temas dessa triste história que teve no porto do Rio de Janeiro um de seus principais cenários. Por meio desse trabalho, esses lugares de memória podem ser visitados na internet, antes ou depois de uma caminhada pela região portuária.

O *Inventário*, realizado a partir da indicação e contribuição de diversos historiadores, antropólogos e geógrafos do país, foi coordenado pelos pesquisadores Hebe Mattos, Martha Abreu e Milton Guran, do Laboratório de História Oral e Imagem (Labhoi), da Universidade Federal Fluminense (UFF), em parceria com o projeto Rota do Escravo: Resistência, Herança e Liberdade, da Unesco. As principais referências sobre o Cais e o Mercado do Valongo e o Cemitério dos Pretos Novos são as pesquisas de Cláudio de Paula Honorato (2008) e José Julio Medeiros de S. Pereira (2006), citadas na Bibliografia (p. 86-87). O *Inventário* está disponível em <http://www.labhoi.uff.br/node/1507>.

CAIS DO VALONGO

Em 1774, o vice-rei marquês do Lavradio determinou que passasse a ficar "fora dos limites da cidade" do Rio de Janeiro o comércio de africanos. O novo local escolhido para esse comércio foi o Valongo, entre a Pedra do Sal e a Gamboa. A ideia, com propósito de não contaminar a cidade, era isolar os recém-chegados que ali esperariam a venda para depois saírem diretamente pelo mar, através do Cais do Valongo e outros trapiches próximos. Estima-se que passaram pela região quase um milhão de africanos. A partir de 1831, com a proibição do tráfico de africanos pelo Governo Imperial, a entrada de escravos pelo Valongo di-

Instituto de Pesquisa e Memória Pretos Novos, 2016
Foto Cesar Barreto

INSTITUTO DE PESQUISA E MEMÓRIA PRETOS NOVOS

Os africanos recém-chegados (os pretos novos) que não conseguiam resistir aos sofrimentos da viagem tinham como destino final uma vala comum onde seus corpos eram depositados e incinerados. O Arquivo da Cúria Metropolitana do Rio de Janeiro registra, entre 1824 e 1830, um total de 5.868 mortes de pretos novos na Freguesia de Santa Rita. Em 1830, o cemitério foi fechado. Em função do aumento populacional da área, começou a ser criticado pelo fato de exalar mau cheiro pela região próxima e de gerar doenças na cidade. Os vestígios arqueológicos do Cemitério dos Pretos Novos foram recentemente descobertos, após obra de reforma em uma casa particular. No local, foi criado o Instituto de Pesquisa e Memória Pretos Novos. As investigações realizadas comprovaram a presença de uma população predominantemente jovem, originária da África Central.

Ossos, fragmentos de crânios e dentes, cerâmicas e contas encontrados na rua do Propósito, em 1986, pelos pedreiros que realizavam reformas na casa onde hoje é o Instituto

minuiu significativamente, e os comerciantes tiveram que buscar maior discrição nos negócios de africanos. Procuraram locais mais seguros para o tráfico, em geral, em praias isoladas, mas não muito distantes dos polos dinâmicos da economia brasileira, como as regiões cafeeiras do Sudeste, que requisitavam mão de obra escrava africana.

MERCADO DO VALONGO

As atividades de recepção e manutenção do comércio de africanos escravizados, como alimentação, transporte, cura de doenças e enterramentos, envolveu o trabalho de muitos escravos africanos. A rua do Valongo (atual Rua Camerino), caminho entre a cidade e o cais, era o local dos barracões, galpões e sobrados, onde se amontoavam até quatrocentos escravos em condições insalubres e desumanas.

CIRCUITO HISTÓRICO E ARQUEOLÓGICO DA CELEBRAÇÃO DA HERANÇA AFRICANA

O Circuito Histórico e Arqueológico da Herança Africana é um programa cultural na região portuária que vem atraindo cariocas e visitantes de outras regiões da cidade, do país e do exterior para esses lugares de memória. Além do Cais do Valongo, integram o circuito:

• o largo do Depósito, hoje praça dos Estivadores, onde ficavam armazéns nos quais os escravos eram colocados antes de serem vendidos;

• a Pedra do Sal, onde os escravos descarregavam a carga de sal trazida pelos navios, transformado em local de festas e cultos africanos depois da Abolição, até se converter em berço do samba já no início do século XX, onde Donga, Pixinguinha, João da Baiana, Heitor dos Prazeres e outros se reuniam com frequência;

• o Jardim Suspenso do Valongo, construído pela administração do prefeito Pereira Passos (1903-1906), com a ideia de se criar ali um jardim romântico de inspiração inglesa como contraponto à marca da escravidão em toda a região;

• o Centro Cultural José Bonifácio, sede do Centro de Referência da Cultura Afro-Brasileira, que funciona na antiga Escola José Bonifácio, construída entre 1872 e 1876.

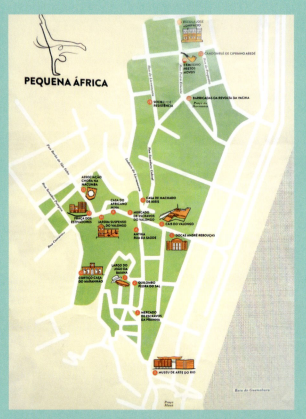

Mapa do Circuito Histórico e Arqueológico da Celebração da Herança Africana

Centro Cultural José Bonifácio, 2016
Foto Cesar Barreto

PARA VER E REVER

A ROTA DO ESCRAVO, A ALMA DA RESISTÊNCIA

Documentário dirigido por Tabué Nguma e Nil Viasnoff, produzido pela Organização das Nações Unidas para a Educação, a Ciência e a Cultura (Unesco), em 2012, a partir do filme de Georges Collinet, *A rota do escravo, uma visão global*, de 2010, também produzido pela Unesco.

Os filmes trazem a história do comércio de seres humanos, apresentando um amplo panorama da escravidão desde o início da Era Cristã e suas repercussões até os nossos dias. Contando com o depoimento de historiadores, jornalistas e outros especialistas, esse panorama é apresentado por meio das vozes de africanos escravizados, mas também dos mestres e dos comerciantes de escravos, entre outros documentos visuais e sonoros. Cada um narra sua experiência: da deportação de homens, mulheres e crianças para outros continentes, passando pelo duro cotidiano do trabalho nas plantações, até os movimentos pelo fim da escravidão.

Mercado de escravos no Rio de Janeiro, em 1824, por Augustus Earle (1793-1838)
Coleção particular

O Centro do Rio e seu novo aeroporto, ao lado da região portuária, em 1965. *Revista Quatro Rodas*
Coleção Particular

A PORTA DE ENTRADA
E SEUS MELHORAMENTOS

NOVA CAPITAL DA COLÔNIA,

o Rio de Janeiro e sua região portuária adquiriram uma dimensão simbólica na vida nacional, com a abertura dos portos brasileiros às nações estrangeiras, a chegada da família real portuguesa à cidade e todas as implicações econômicas, político-administrativas e sociais da Independência do Brasil. O porto de mar e de comemorações religiosas dos tempos da Colônia converteu-se, pouco a pouco, em porto de aparato, de celebrações e de memória do Império e da República. A percepção do lugar como a porta de entrada do Brasil e a primeira impressão dada a ver pelos brasileiros, consolidada pelas reformas urbanas do século XX, acabou se impregnando no imaginário social.

Cidade portuária e cidade capital, o Rio de Janeiro sempre recebeu visitantes ilustres que chegavam ao Brasil pelas águas da Guanabara. Emissários da Coroa, visitadores da Companhia de Jesus ou a simples imagem de São Sebastião eram homenageados pela cidade colonial com salvas de canhão e luz de tochas nas fortalezas da entrada da baía e nos conventos do alto dos morros. Os festejos dedicados ao santo, no dia 20 de janeiro, chegaram mesmo a ser uma tradição no porto do Rio. O padre Fernão Cardim (1549-1625) comentou uma dessas visitas, em 1585, quando "uma relíquia do glorioso Sebastião engastada em um braço de prata ficou no navio para a festejarem os moradores e estudantes como desejavam, por ser esta cidade do seu nome, e ser ele o padroeiro e protetor".[1] Em outras ocasiões, as cerimônias no porto foram de majestosa despedida, como no falecimento da rainha Maria I, em 1816, quando o estrondo da artilharia nas fortalezas chegou a assustar os artistas da Missão Artística francesa que entravam na baía naquele momento.

O dinamismo da vida religiosa da cidade se refletia na organização das procissões marítimas, e as demandas da vida econômica se viam representadas na circulação de mercadorias, homens e ideias pela região portuária. Em 1763, a capital da colônia foi transferida de Salvador para o Rio de Janeiro, reforçando a importância administrativa da cidade e a posição estratégica de seu porto que, a essa altura, já recebia o dobro dos escravos desembarcados na capital baiana. A medida também trouxe para o Rio de Janeiro, agora centro de formulação e controle das políticas da metrópole no âmbito da colônia, um grande fluxo de bens materiais e simbólicos, além de várias benfeitorias em seu centro urbano.

O largo do Paço, com o chafariz do Mestre Valentim, visto "do lado do mar" na obra publicada por Debret, 1839
Acervo Fundação Biblioteca Nacional

---

[1] Fernão Cardim, *Tratados da terra e gente do Brasil, escritos entre 1503-1601*, apud Vinicius Miranda Cardoso. "Cidade de São Sebastião: o Rio de Janeiro e a comemoração de seu santo patrono nos escritos e ritos jesuíticos, c.1585", *Revista Brasileira de História*. São Paulo, v. 32, n. 63, 2012, p. 15-37.

A partida da rainha Carlota Joaquina e as infantas para Portugal, por Jean-Baptiste Debret, 1821
Acervo Fundação Biblioteca Nacional

A construção de um novo chafariz no largo do Paço pelo vice-rei Luís de Vasconcelos e Sousa, obra de Mestre Valentim concluída em 1789, dotou o Rio de um verdadeiro cais de embarque/desembarque, além de prover água potável não só para os habitantes, como para as embarcações. Entre as primeiras telas que retratam a vida marítima da cidade, Leandro Joaquim pintou a obra recém-realizada no cais, apresentando no primeiro plano uma cena de revista militar no largo do Paço. Esse ponto de vista seria repetido por muitos artistas a partir de então. Debret retratou o cenário em sua *Viagem pitoresca e histórica ao Brasil*, colocando em destaque a nova rampa destinada às embarcações maiores, retratada na partida da rainha Carlota Joaquina para Portugal, em 1820. O chafariz, no entanto, não ficaria junto ao mar por muito tempo, e o monumento, hoje, é uma referência emblemática do progressivo afastamento da cidade de seu porto natural.

O movimento das pequenas embarcações junto ao cais, na visão de William Smyth, 1832
Coleção Geyer / Museu Imperial

O viajante inglês diante do burburinho das ruas no largo do Paço, junto ao cais, 1832
Coleção Geyer / Museu Imperial

A transferência da família real portuguesa para o Brasil, em consequência das guerras napoleônicas e da política inglesa de livre comércio, transformou o Rio de Janeiro em sede do governo português na América e de seu vasto império ultramarino. A partir daí, centenas de imagens foram produzidas como registros memoráveis das chegadas e partidas de autoridades civis, eclesiásticas e diplomáticas, entre outras personalidades ilustres que passaram pelo porto da cidade. Por esta razão, causa estranheza a muitos estudiosos a inexistência de uma variada iconografia sobre a chegada de dom João e comitiva, certamente um dos mais célebres vividos pela cidade portuária. Embora as cenas da partida da família real no porto de Lisboa, em novembro de 1807, sejam bem conhecidas por gravuras e pinturas da época, a chegada ao Rio de Janeiro, em março de 1808, não inspirou qualquer obra do gênero, sendo representada apenas em pequenos leques comemorativos confeccionados no século XIX. Um dos maiores estudiosos dessa tumultuada travessia chegou mesmo a encomendar uma tela que retratasse o célebre acontecimento a um artista do nosso tempo, pintada ao estilo das marinhas inglesas de longa tradição na história da arte.[2]

---

[2] Óleo sobre tela de Geoff Hount, intitulado *Chegada da família real de Portugal em 7 de março de 1808*, acervo de Kenneth Light.

A chegada da família real ao Rio de Janeiro foi, no entanto, descrita em detalhes por uma testemunha ocular, o padre Luiz Gonçalves dos Santos, escritor prolixo e cronista da história carioca apelidado de padre Perereca (devido à baixa estatura):

> "(...) e já pela barra vinha entrando com majestosa ufania a nau *Príncipe Real*, seguida de todas as outras; e de novo começou a estrondar o ar com as alegres e repetidas salvas das fortalezas, e navios de guerra; o mar se via coberto de fumo [fumaça], através do qual rompia velozmente a Real Esquadra com inexplicável prazer de uma imensa multidão, que sobre os montes e nas praias era espectadora de tão brilhante e encantadora cena, e que não cessava de congratular-se mutuamente, vendo o seu príncipe com a sua Real Família a salvo dentro do porto do Rio de Janeiro, e honrando-o com a sua Real Presença."[3]

A abertura dos portos brasileiros "às nações amigas", assinada na passagem de dom João por Salvador, em 28 de janeiro de 1808, revogou as restrições do pacto colonial à presença de embarcações estrangeiras em portos brasileiros e à importação/exportação de produtos da colônia submetidos ao monopólio da alfândega portuguesa. A Inglaterra, com uma balança comercial que pendia a favor de Portugal, precisava garantir o mercado representado pelo Brasil. Em 1810, o governo português assinou com os ingleses um Tratado de Cooperação e Amizade e garantiu-lhes a prioridade de navegação e comércio nos portos brasileiros. Essas mudanças ampliaram consideravelmente as atividades administrativas e a circulação de navios, mercadorias e pessoas na região portuária do Rio de Janeiro.

Em 1807, entraram 778 navios no porto do Rio, dos quais somente um era estrangeiro. No ano seguinte, esse número saltou para 855, sendo 90 estrangeiros. Em 1881, já eram cerca de 5 mil navios de "todas as lotações, bandeiras e procedências", como apontou Augusto Fausto Silva (1835-1890) em estudo sobre a baía de Guanabara, publicado na *Revista do Instituto Histórico e Geográfico Brasileiro*. O padre Perereca, ao comparar o movimento do porto antes e depois da chegada da Corte, em 1808, exclamou:

> "Apenas algumas canoas e barcas giravam em outro tempo por estas enseadas, e frequentavam os seus portos, e rios; hoje todos estes mares são cortados pelas quilhas de infinitas, e alterosas embarcações, tanto nacionais, como estrangeiras!"[4]

Representação alegórica da abertura dos portos
Jurandir Paes Leme. 1943

---

[3] Luiz Gonçalves dos Santos, *Memorias para servir a historia do reino do Brazil: divididas em tres epocas da felicidade, honra, e gloria, escriptas na Corte do Rio de Janeiro no anno de 1821, e offerecidas à S. Magestade El Rey Nosso Senhor D. João VI*, Lisboa: Imprensa Régia, 1825. A edição original está disponível em <http://bd.camara.gov.br/>

[4] Idem, p. 43.

Com o desembarque e o mercado de africanos sendo deslocado da área central para a praia do Valongo, em fins do século XVIII, deslocou-se também a presença indesejável de tantos escravos recém-chegados da África na porta de entrada da cidade. Em 1817, dom João mandou recuperar a escada de acesso ao cais em torno do chafariz do Mestre Valentim e ajardinar o lugar com painéis decorativos. No mesmo ano, a princesa Leopoldina da Áustria chegou ao Rio de Janeiro para se casar com o príncipe herdeiro e futuro imperador do Brasil, dom Pedro I. O acontecimento memorável para os contemporâneos motivou a construção de um arco triunfal no local de desembarque da princesa, junto ao Arsenal de Marinha, e a impressionante representação da cena, segundo o testemunho e a imaginação de Debret. O artista descreveu em seu livro a posição ocupada por cada um dos presentes em suas respectivas embarcações (a família real portuguesa, as autoridades civis e religiosas, a banda de música etc.) e todo o simbolismo da majestosa decoração do porto na ocasião.

Desembarque da princesa Leopoldina aos pés do Mosteiro de São Bento, por Jean-Baptiste Debret, 1817
Acervo Fundação Biblioteca Nacional

Para a maior parte dos visitantes que chegavam ou partiam da cidade, no entanto, o embarque e o desembarque em terra firme representavam uma aventura pessoal em nada semelhante à solenidade das grandes ocasiões. Mesmo depois da construção do cais junto ao chafariz do Mestre Valentim, no século XVIII, alcançar ou deixar uma grande embarcação ancorada na baía era rotina desprovida de qualquer comodidade, sendo necessário o apoio de carregadores para o transporte do passageiro, ou passageira, em pequenos barcos que podiam alcançar as praias ou ancorar junto ao cais. O porto do Rio, apesar das diversas benfeitorias realizadas, continuava sem um atracadouro com a profundidade exigida pelos grandes navios.

Transporte de passageiro para um navio, em 1828
Coleção Geyer / Museu Imperial

Embarcação conduzindo ingleses na Gamboa: detalhe de uma estampa de Alfred Martinet, c. 1845
Coleção Geyer / Museu Imperial

Mas não eram apenas os passageiros que sofriam com a falta de adequação das instalações portuárias. Diante da inexistência de estabelecimentos para a guarda das mercadorias desembarcadas no porto, dom João também determinou que o Conselho de Fazenda mandasse demarcar, já em 1809, os terrenos para a construção de trapiches na enseada da Gamboa e no saco do Alferes, onde seriam armazenados sal, trigo, couros e outros artigos. O tráfico de escravos e o desembarque de africanos escravizados, ainda em franca expansão, demandavam outras melhorias na infraestrutura da cidade portuária, como a construção do Cais do Valongo, concluído em 1810.

CASA FRANÇA BRASIL, ANTIGA PRAÇA DE COMÉRCIO E ALFÂNDEGA

O edifício da Alfândega e o movimento de cargas junto à praia dos Mineiros, c. 1857
Coleção Geyer / Museu Imperial

Casa França-Brasil, atualmente centro cultural
Foto Cesar Barreto

A edificação que hoje abriga a Casa França-Brasil foi encomendada por dom João VI, em 1819, ao arquiteto Grandjean de Montigny, integrante da Missão Artística Francesa que chegara à cidade três anos antes. Projetado para servir como praça de Comércio, o edifício em estilo neoclássico é o resultado tridimensional e efetivo do decreto de abertura dos portos às nações amigas, assinado pelo então príncipe regente ao chegar ao Brasil, na década anterior.

Com a Independência, o prédio foi transformado em Alfândega para maior controle das importações e exportações da capital do Império, função exercida no local até 1944, quando suas instalações passaram ao completo estado de abandono. Restaurado na década de 1980 pelo Instituto do Patrimônio Histórico e Artístico Nacional (Iphan), o edifício passou a assumir uma função artística e cultural, com a participação especial, em seu projeto, no Ministério da Cultura da França. A instituição hoje é gerida pela Secretaria de Cultura do Estado do Rio de Janeiro.

Desde a década de 1960, uma das faces da construção ficou comprimida e ofuscada pelo elevado da Perimetral, além de perder a ligação direta com o mar. Depois de restaurado, na década de 1980, pelo Iphan com a participação especial do Ministério da Cultura da França, o edifício passou a abrigar funções artísticas e culturais, sendo hoje uma instituição gerida pelo Governo do Estado do Rio de Janeiro. Com as obras de reurbanização da região portuária do Rio e a demolição do elevado da Perimetral, a Casa França-Brasil tornou-se uma das joias do novo percurso de 3,5km de extensão, ligando o cais do porto à praça da Misericórdia, inaugurado em 2016 como Orla Prefeito Luiz Paulo Conde.

A permanência da Corte portuguesa no Rio e a Independência do Brasil em 1822 promoveram um processo de urbanização e modernização da infraestrutura no conjunto da cidade, com a abertura de ruas e caminhos, a criação de serviços sanitários, a instalação de cursos superiores e o funcionamento de instituições como a Academia Real de Guardas-Marinhas, o Banco do Brasil, a Imprensa Régia, a Fábrica de Pólvora e o Arquivo Militar, entre outras benfeitorias.

Depois de 1822, a projeção do Brasil independente não podia prescindir da difusão de imagens visuais do Rio de Janeiro como a capital política e administrativa do Império, sede do Município Neutro da Corte a partir de 1834. A cidade foi o tema escolhido para dois panoramas cenográficos exibidos em Paris (1824) e Londres (1828), então uma grande novidade. Nessas grandes rotundas, a paisagem carioca podia ser vista como se o observador estivesse ao nível do mar, em uma embarcação imaginária posicionada no centro da baía, e de lá percorresse com o olhar os 360° do cenário à sua volta. A visão panorâmica da cidade difundida por esse novo tipo de divertimento de massa influenciaria a criação de outras modalidades de percepção e expressão visual que se multiplicaram no decorrer do século XIX e ainda hoje inspiram endereços eletrônicos com uma espécie de "panoramania".[5]

Estas duas vistas integram uma visão panorâmica da cidade do Rio de Janeiro a partir da ilha das Cobras, desenhadas pelo barão de Planitz (Karl Robert Planitz, 1806-1847), impressa em Hamburgo, na Alemanha (c. 1840). Toda a estrutura portuária, então existente na faixa litorânea entre o morro do Castelo e o Arsenal de Marinha próximo à subida do morro de São Bento, aparece representada
Coleção Geyer / Museu Imperial

---

[5] Maria Inez Turazzi, "Rio de Janeiro panorámico: la fabricación y circulación de emblemas visuales de la capital brasileña en el siglo XIX", in Maria Elisa Linhares Borges; V. Minguez (org.). *La fabricación visual del mundo atlantico, Castellón*: Editora Universitat Jaume I, 2010, p. 173-193.

Figura central ou pano de fundo em visões abrangentes da paisagem carioca, a área portuária na região central do Rio continuava, contudo, distante da estrutura desejável para um porto de comércio com a crescente complexidade de funções que lhe eram exigidas pela ampliação dos negócios e modernização da cidade. A construção de um novo cais no Valongo, onde o desembarque de escravos já não mais ocorria, alterou somente a fisionomia e, com ela, o nome do lugar, mas não a sua profundidade para o recebimento de grandes embarcações. O chamado Cais da Imperatriz integrava um conjunto de melhorias em curso na região portuária, e sua construção teve por objetivo receber a futura imperatriz dona Teresa Cristina, do Reino das Duas Sicílias, casada por arranjos diplomáticos com o jovem dom Pedro II. Mas a iniciativa também pode ser vista como uma espécie de apagamento do principal cenário escravista no porto do Rio, por onde haviam passado cerca de um milhão de africanos. O contexto era de crescente oposição internacional a um negócio desumano já condenado moralmente por relatos de viajantes, artigos na imprensa e infindáveis debates.

O assoreamento das águas da baía, resultante dos detritos da cidade e do movimento das embarcações nas proximidades do chafariz do Mestre Valentim, no largo do Paço, provocou a realização de tantos aterros à sua volta que, já em meados do século XIX, o antigo cais havia desaparecido. Outro cais, conhecido pelo nome do hotel que se instalara nas proximidades, foi então construído um pouco mais adiante. As primeiras fotografias do Rio de Janeiro eram daguerreótipos (imagens em placas metálicas) obtidos justamente das proximidades do Cais Pharoux, em janeiro de 1840. Essas imagens registravam o velho chafariz colonial já bem distante do mar e a praia do Peixe, com o Mosteiro de São Bento ao fundo, de um ponto de vista elevado, possivelmente uma das janelas do Hotel Pharoux.

O Cais Pharoux, em 1840, pelo artista francês Adolphe d'Hastrel
Coleção Geyer / Museu Imperial

A experiência com a fotografia na região portuária do Rio, poucos meses depois de a invenção da daguerreotipia ter sido anunciada em Paris, em agosto de 1839, incorporava assim uma das maiores invenções de todos os tempos à rotina de uma cidade que se modernizava a partir de seu porto. O gelo, por exemplo, veio dos Estados Unidos, em 1834, acondicionado no porão de um navio e logo chegou aos cafés e salões da cidade, de onde nunca mais sairia. Porta de entrada e porto de novidades, por ali chegavam as invenções, os modismos e as curiosidades que inspiravam as crônicas de costumes e os folhetins literários nas páginas dos jornais e revistas da época.

A praia do Peixe fotografada do cais Pharoux, pelo francês Louis Comte, em 1840
Coleção particular

Toda a área portuária do Rio de Janeiro, registrada da ilha das Cobras, em 1852, pelos franceses Eugène Ciceri e Philippe Benoist
Coleção Geyer / Museu Imperial

Primeiro panorama formado pela justaposição de duas imagens fotográficas, um recurso bastante usado pelos fotógrafos no século XIX, uma vez que a imagem alongada podia ser obtida com o uso de equipamentos e materiais fotográficos convencionais. Esta impressão litográfica é também uma imagem híbrida, ao combinar elementos pitorescos no primeiro plano, colocados pelo litógrafo, e, ao mesmo tempo, valorizar a perspectiva, a captação de detalhes e a fidelidade da escala pela exatidão do registro fotográfico.

O grande número de embarcações que passaram a frequentar a baía de Guanabara depois de 1808 levou os códigos de conduta estabelecidos pelas convenções navais e as formas de sociabilidade cultivadas pela vida marítima a se tornarem bem mais comuns no porto do Rio:

> "Os navios, que em qualquer época podiam ser vistos em grande quantidade ancorados na baía, formavam uma espécie de comunidade flutuante. Além das normas e dos procedimentos legais do país anfitrião aos quais deviam submeter-se – recebendo as vistas obrigatórias das autoridades brasileiras encarregadas de zelarem pelas exigências fiscais e sanitárias –, esses navios e suas tripulações obedeciam também a uma série de regras informais. Essas convenções relativas às normas de diplomacia e cortesia ditavam em grande medida a intensa vida social que se desenvolvia no interior da própria baía, pautada por gestos como o hasteamento da bandeira de países amigos e as muitas visitas entre os oficiais e capitães das diferentes embarcações." [6]

As ocasiões festivas na região portuária, para além das procissões marítimas com embarcações locais ou da comemoração de dias santos nas igrejas próximas, também eram animadas pelos bailes a bordo dos navios e pela celebração de datas cívicas nos espaços públicos, como a grande festa do mundo português pelo tricentenário do poeta Luís de Camões, em 1880. O dia 2 de dezembro, aniversário do imperador dom Pedro II, era marcado por um desfile militar no largo do Paço. Em viagens às províncias e ao exterior, as partidas e chegadas do monarca também rendiam homenagens à família imperial, com a presença de autoridades e populares junto ao cais. A despedida mais solene de dom Pedro II, contudo, foi presenciada por poucos. O imperador deixou o porto do Rio a bordo do vapor *Alagoas*, em 1889, sob a estrita vigilância dos militares republicanos recém-chegados ao poder, rumo a um exílio na Europa do qual não voltaria vivo.

[6] Claudio Figueiredo et al., op. cit., p. 67.

Baile oferecido a bordo do navio inglês comandado pelo almirante G. E. Hammond, a 20 de novembro de 1835 | Aquarela de Emeric Essex Vidal
Coleção Geyer / Museu Imperial

Estaleiros, oficinas de reparo e demais instalações e serviços relacionados ao porto de cargas e à construção naval precisavam acompanhar as demandas do comércio marítimo e das atividades econômicas na cidade. Desde os tempos da Colônia, o Arsenal de Marinha do Rio de Janeiro, instalado em 1763 aos pés do morro de São Bento, mantinha uma função relevante nessa estrutura, ainda que o nome da instituição tivesse que se adaptar às diferentes conjunturas (real, imperial etc). Inicialmente, realizava-se ali o reparo de embarcações trazidas da metrópole e, com a Independência, a construção e o reparo de embarcações para a Marinha Imperial. No arsenal, foram construídas a nau *São Sebastião*, ainda em 1767, e uma parte das embarcações usadas na guerra contra o Paraguai, um século mais tarde. A navegação a vela já substituía a navegação a vapor, na segunda metade do século XIX, quando o Arsenal de Marinha inaugurou o Dique Imperial (1861) e o Santa Cruz (1874) na ilha das Cobras, dispondo então de engenheiros navais para projetar, construir e reformar os seus próprios navios. Depois de um período de estagnação tecnológica e obsolescência das instalações, o antigo edifício foi demolido no século XX, e o arsenal passou a ficar concentrado apenas na ilha das Cobras.

O Arsenal de Marinha no álbum *Rio de Janeiro e seus arrabaldes*, de Pieter Gottfried Bertichem, 1857
Coleção Geyer / Museu Imperial

ARQUIVO DA MARINHA

O controle do extenso litoral brasileiro, alvo de frequentes invasões, contrabandos e saques e a fiscalização da entrada e saída de navios, tripulações, passageiros e mercadorias, assim como toda a documentação das embarcações da própria Armada em suas diferentes missões, estão registrados em um prodigioso acervo no Arquivo da Marinha. Localizado na ilha das Cobras, ele tem sua origem institucional no século XIX e atualmente é aberto à consulta, oferecendo o acesso a fontes primárias e secundárias para o estudo da história do porto do Rio de Janeiro, entre outros temas.

O Arsenal de Marinha e o antigo Cais dos Mineiros fotografados por
Augusto Malta no no começo do século XX
Coleção George Ermakoff

O antigo *Estabelecimento de Estaleiros e Fundição de Ponta d'Areia*, em Niterói, adquirido pelo barão de Mauá, em 1846, na visão de Pieter Gottfried Bertichem
Coleção Geyer / Museu Imperial

Visconde de Mauá, futuro Barão de Mauá
Coleção particular

BARÃO DE MAUÁ

Do outro lado da baía, a Fábrica de Ponta d'Areia, adquirida por Irineu Evangelista de Souza, futuro barão e visconde de Mauá, e sua transformação em estaleiro capaz de construir quase uma centena de embarcações em apenas uma década, foi outro empreendimento emblemático na história do porto do Rio de Janeiro. Ali foi lançado ao mar, em 1838, o primeiro navio a vapor fabricado no país e, em 1849, o maior navio mercante até então construído no Brasil. Era um navio negreiro e, depois de realizar uma única viagem para a África, foi vendido à Marinha Impe-

A coluna, à espera da estátua do barão de Mauá, na praça em sua homenagem
Fotografia de João Martins Torres, c. 1906
Coleção particular

Estátua do Barão de Mauá em primeiro plano, com
Museu de Arte do Rio ao fundo, na Parça Mauá

rial e rebatizado com o sugestivo nome de *Golfinho*. O período entre 1850 e 1875, conhecido como a Era Mauá, corresponde a uma série de serviços e empreendimentos sob o seu comando, com a participação de capitais ingleses, que alteraram a fisionomia da cidade (fornecimento de gás, iluminação pública, sistema de água e esgotos e transportes urbanos, além da primeira ferrovia do país). Esses melhoramentos, incluindo a modernização das instalações portuárias (diques, docas, alfandegas, armazéns etc.), foram idealizados e implementados, ainda que parcialmente, durante a segunda metade do século XIX, por engenheiros que, já na República, imprimiram, de fato, uma radical transformação no desenho da cidade. A estátua do maior empresário do Império não está, portanto, colocada à toa no meio da praça que lhe faz homenagem. Quando ela foi inaugurada, em 1910, por iniciativa do Clube de Engenharia, fundado trinta anos antes, Mauá tinha se tornado um mito para essa geração. A região portuária, planejada então pelo governo republicano para ser a nova porta de entrada da cidade, procurava espelhar o modelo representado por aquele espírito empreendedor.

As instalações da companhia Docas da Alfândega, hoje Espaço Cultural da Marinha, por George Leuzinger, c. 1866
Acervo Instituto Moreira Salles

Expressão verbal da convicção no progresso, os *melhoramentos* da cidade e do país passariam a integrar a maior parte dos discursos, projetos, decretos e estudos relacionados às obras públicas no século XIX. O uso da palavra, substituindo a noção de benfeitoria, bem mais antiga, englobava em seu significado uma dimensão civilizatória e um imenso horizonte de expectativas em relação ao futuro da nação. Engenheiros com formação enciclopédica e capacitação tecnológica polivalente eram movidos por essa ideia tão cara ao mundo oitocentista. Engenheiros de diferentes nacionalidades em convívio no porto do Rio de Janeiro, assim como na construção de ferrovias e em outras obras públicas, representavam o crescente processo de internacionalização da engenharia e suas especialidades. Em muitos casos, esses profissionais também estiveram em confronto, discordando das opções tecnológicas e dos métodos de execução adotados. As docas da Alfândega e as docas Pedro II, os dois principais empreendimentos na região portuária na segunda metade do século XIX, contaram com a direção do engenheiro André Rebouças, formado na Escola Politécnica do Rio de Janeiro, e inúmeros contratempos na sua concretização, mas um grande porto de cargas começava a ser esboçado.

As instalações da companhia Docas Dom Pedro II, renomeada Docas Nacionais pelo governo republicano, c. 1910
Acervo Arquivo Público do Estado do Rio de Janeiro

O engenheiro inglês Charles Neate, contratado em 1852 para planejar e coordenar a construção das docas da Alfândega, apresentou como solução para a obra um longo cais que avançava sobre o mar, desde a ponta do Calabouço (onde hoje se localiza o Museu Histórico Nacional) até o Arsenal de Marinha (junto ao morro de São Bento). Em 1863, em meio à lenta execução das obras, desabou uma parte da construção compreendida entre o alinhamento das ruas do Rosário e o antigo Cais dos Mineiros. Em 1866, Rebouças assumiu a direção dos trabalhos e, em 1869, foram finalmente aprovados os estatutos da Companhia da Doca da Alfândega do Rio de Janeiro. Quando entrou

Uma parte remanescente do edifício das Docas Dom Pedro II, hoje Ação da Cidadania
Foto Cesar Barreto

em funcionamento pouco depois, o cais de atracação, com apenas 644 metros de extensão, abrigava somente doze navios para a descarga e a armazenagem de todas as mercadorias que então chegavam ao porto do Rio em mais de uma centena de embarcações. A cobrança de elevadas taxas de embarque, desembarque e armazenagem era tema constante de conflitos e negociações entre o governo, os concessionários das docas e os negociantes atacadistas.

Constatando a insuficiência das instalações existentes e a necessidade de uma extensão do porto à altura da demanda existente, Rebouças propôs a construção de um ramal ferroviário e docas mais modernas nas enseadas da Saúde e da Gamboa. A companhia Docas Dom Pedro II, fundada e presidida por Rebouças, não sem enfrentar muitas dificuldades, foi responsável pelo início das obras e pela exploração comercial dos trapiches da área, o que acabou ajudando a financiar o custo do projeto, só parcialmente concluído, em 1875. O engenheiro já previa que a região concentraria no futuro um grande porto comercial. Começava assim, com as docas da Alfândega e as Docas Dom Pedro II e por meio de sucessivos aterros e retificações de pontas e enseadas, o longo processo de adequação do contorno natural da região portuária do Rio às demandas de um porto de cargas. As obras portuárias, como as demais obras públicas de todos os tempos, também eram objeto de inúmeras discussões técnicas e financeiras, entre as quais o modo como seriam executadas, isto é, se por administração direta do Estado ou por concessão a uma empresa privada. Muitos engenheiros tornaram-se concessionários dessas obras, e alguns fizeram fortuna, enquanto outros ficaram literalmente a ver navios com o insucesso de seus empreendimentos. A questão das concessões entrou pelo século XX adentro e, com outros contornos, ainda está colocada no debate sobre o tamanho do Estado e o seu papel na economia brasileira.

ANDRÉ REBOUÇAS, ENGENHEIRO, PENSADOR E ABOLICIONISTA

Legítimo representante do universalismo na técnica, André Rebouças (1838-1898) é considerado o primeiro engenheiro de portos do Brasil e um dos maiores de seu tempo. Pertenceu à geração dos chamados 'engenheiros enciclopedistas', e sua cultura científica e tecnológica compreendia a matemática, a astronomia, a botânica, a geologia, a economia política e a filosofia, entre outras matérias que compunham a formação dos politécnicos na segunda metade do século XIX. Além dos empreendimentos voltados para a modernização portuária do Rio de Janeiro (Docas da Alfândega e Docas Dom Pedro II) e de outras cidades brasileiras, ele dedicou seu talento à construção de ferrovias, em conjunto com o irmão Antônio, à elaboração de diversos estudos técnicos, destacando-se na mecânica dos solos e na introdução do uso do cimento Portland, e à carreira de professor, conquistada por concurso, mesmo sendo mestiço, na Escola Politécnica do Rio de Janeiro. Poeta, jornalista e filósofo, André Rebouças defendeu a reforma agrária e o fim da escravidão, envolvendo-se na campanha abolicionista dos últimos tempos da monarquia. Ao longo da vida, sofreu diversas formas de discriminação, tanto nas viagens de estudo que realizou aos Estados Unidos e outros países, quanto no Brasil. Em seus diários, deixou registradas as preocupações de um espírito inquieto e reformista com os destinos da nação e, já doente e deprimido, acabou retirando a própria vida em seu autoexílio na Ilha da Madeira, em Portugal.

Anônimo
Retrato de André Rebouças, s/d
Óleo sobre tela
Museu da Escola Politécnica da
Universidade Federal do Rio de Janeiro

A galeota que transportava d. João VI e a família real pela baía de Guanabara, em exibição no Espaço Cultural da Marinha

ESPAÇO CULTURAL DA MARINHA

Inaugurado em 1996, o Espaço Cultural da Marinha integra, com o Museu Naval e Oceanográfico, a Biblioteca e o Arquivo da Marinha, um grande complexo de pesquisas e atividades culturais sobre a história do Brasil e das navegações, bem como sobre o porto do Rio de Janeiro e suas primitivas instalações. A instituição tem a particularidade de funcionar justamente onde eram as antigas docas da Alfândega do Rio de Janeiro, inauguradas em 1871. Localizada em frente à ilha das Cobras e à ilha Fiscal, ela apresenta em suas exposições diversos modelos de embarcações históricas, como a galeota *Dom João VI*, fabricada em Salvador, em 1808, entre outras ancoradas no próprio local (navio-museu *Bauru*, submarino *Riachuelo*, etc.).

O Mercado da Harmonia, inaugurado em 1855 entre os morros da Saúde e do Livramento e as praias da Gamboa e do Valongo, onde hoje é a praça do mesmo nome, atraiu para o local uma grande movimentação de carroças e um contingente significativo de trabalhadores empregados na comercialização de víveres, madeiras e outros produtos. A inauguração, em 1858, da estação central da Estrada de Ferro Dom Pedro II trouxe mudanças ainda mais importantes para o porto e adjacências, pois, além de ampliar a comunicação com o interior da província e o trânsito de mercadorias na região, promoveu uma progressiva desvalorização dos terrenos situados nas bordas da ferrovia.

O período também corresponde à expansão das instalações portuárias para a orla da baía compreendida entre a praia dos Mineiros e o saco do Alferes, onde hoje se concentra a região edificada em princípios do século XX. Em 1869, o molhe na praia dos Mineiros (parede de proteção exterior para as embarcações no porto) foi concluído e, no ano seguinte, André Rebouças iniciou o projeto do Dique Imperial na Saúde, no qual empregou um moderno sistema de elevadores hidráulicos para a reparação dos navios. Projetos desse tipo eram detalhados em publicações de autoria do próprio Rebouças, que deixou diversos estudos sobre a cidade e seus melhoramentos.[7]

O fotógrafo George Leuzinger (1796-1892), o primeiro à esquerda, e comitiva diante do porto do Rio de Janeiro, c. 1865
Acervo Instituto Moreira Salles

[7] Por exemplo, André Rebouças, *Companhia das docas de dom Pedro II nas enseadas da Saúde e da Gamboa no porto do Rio de Janeiro; publicação dos documentos que precederão e motivarão sua organização*, Rio de Janeiro: Typographia de G. Leuzinger, 1871.

As obras da Alfândega fotografadas por George Leuzinger, c. 1866
Acervo Instituto Moreira Salles

Enquanto a Comissão de Melhoramentos da Cidade do Rio de Janeiro (1874) tentava organizar "um plano geral para o alargamento e a retificação de várias ruas", com o objetivo de aprimorar a circulação, a higiene e o embelezamento das construções urbanas, novas instalações para a área portuária eram projetadas, estendendo-as até a ponta do Caju. Muitos desses projetos não saíam do papel, mas a instalação de um ramal ligando a Estrada de Ferro Dom Pedro II (Central do Brasil) à região portuária e a construção de uma estação marítima para a ferrovia na enseada da Gamboa, inaugurada em 1879, foram efetivamente realizadas. Na década seguinte, dois empreendimentos industriais para a moagem de trigo e outros cereais foram viabilizados pela infraestrutura ferroviária que havia capacitado o porto para o desembarque e o transporte de grãos e sacos de cereais em grande escala. O Moinho Inglês e o Moinho Fluminense também empregavam, em suas próprias instalações, outros modernos equipamentos de beneficiamento e transporte dos cereais, como esteiras e guindastes. A expansão de suas atividades conduziu à fabricação de produtos alimentícios no local, como os famosos biscoitos Aymoré. O edifício do Moinho Fluminense, ainda existente, foi tombado como patrimônio histórico e encontra-se hoje em estudos a adequação do prédio a novos usos.

Terminal marítimo da Gamboa fotografado do Cemitério dos Ingleses, por Marc Ferrez, c. 1890
Acervo Instituto Moreira Salles

Marc Ferrez e um de seus panoramas do Rio de Janeiro, tomado a partir da ilha das Cobras, c. 1890
Acervo Instituto Moreira Salles

MARC FERREZ, FOTÓGRAFO DA MARINHA

O carioca Marc Ferrez (1843-1923), estabelecido desde 1867 à rua São José, centro do Rio de Janeiro, dedicou-se a muitas atividades profissionais no mundo da fotografia ao longo de sua vida. Fotógrafo polivalente (paisagens, retratos, reproduções), editor de imagens (postais, impressos) e comerciante de artigos fotográficos (câmaras, tripés, molduras, álbuns, etc), ele conciliou todas essas atividades com a obtenção de panoramas espetaculares tomados em seus passeios pelas praias e montanhas do Rio. Por encomenda da Marinha, tanto durante o Império quanto já na República, realizou uma intensa atividade de documentação fotográfica que lhe rendeu o título de Fotógrafo da Marinha, o primeiro de que se tem notícia no Brasil. Ferrez registrou as embarcações nacionais e estrangeiras ancoradas na baía de Guanabara e as instalações e obras públicas do 1º Distrito Naval, bem como importantes acontecimentos que envolviam a Marinha. São exemplos as comemorações pelo fim da guerra com o Paraguai (1870), o lançamento ao mar de embarcações construídas em seus estaleiros e os estragos provocados pela Revolta da Armada (1893/1894).

Se, por um lado, a cidade crescia aterrando pântanos e alagados desde o século XVII, os projetos do século XIX para a região portuária já começavam a estudar a possibilidade de ganhar mais área útil com o arrasamento de morros e a retificação das margens da baía, duas estratégias que explicam boa parte da configuração atual do porto do Rio. Em 1879, o engenheiro Vieira Souto e outros sócios foram autorizados a aterrar toda a área compreendida entre as praias dos Lázaros e Formosa e as ilhas dos Melões e das Moças, com o consequente arrasamento dos morros ali existentes e parte do morro do Pinto. Mas, a despeito de tantos projetos e empreendimentos, o porto de cargas e suas instalações chegaram ao final do século XIX sem a profundidade necessária, isto é, sem um cais compatível com a atracação de grandes navios. As operações de embarque e desembarque de mercadorias, realizadas em embarcações menores, eram lentas, geravam perdas e acarretavam custos. Além disso, a região ainda abrigava em suas margens os mesmos antigos trapiches da Pedra do Sal, do Bastos, do Cleto, da Ordem, do Vapor, da Gamboa e de outros, com uma estrutura inadequada à armazenagem dos produtos cada vez mais diversificados que chegavam ao Rio.

Trapiches e oficinas da Companhia Lloyd Brasileiro, em princípios do século XX
Acervo Arquivo Público do Estado do Rio de Janeiro

TRAPICHE

O trapiche é um símbolo da infraestrutura portuária do Rio de Janeiro anterior ao século XX e foi, recentemente, objeto de um estudo específico que analisou suas características físicas e funcionais. Com acesso direto ao mar, em um trecho acostável, o trapiche viabilizava o embarque e o desembarque das pequenas e médias embarcações, além de permitir a armazenagem e a proteção temporária das mercadorias que chegavam ou saíam da cidade:

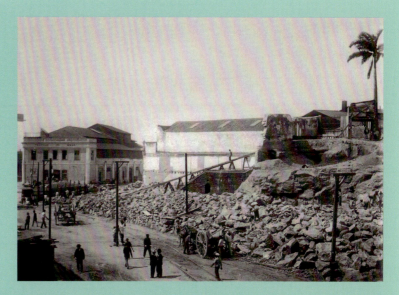

A demolição do Trapiche Mauá, nas reformas realizadas pelo Prefeito Pereira Passos (1903-1906)
Coleção particular

"Os trapiches contavam com armazém, pátio e/ou telheiros mal integrados às pontes ou a pequenos cais. Os produtos que lá desembarcavam deveriam ficar o menor tempo possível, pois os custos de sua armazenagem eram altos e as condições extremamente precárias (...). O conjunto de trapiches na região portuária marcou para sempre a história do local. Sua relação com a escravidão, a imigração e os bolsões de pobreza que caracterizavam a área contrastou com as ricas casas comerciais, as modernas indústrias e uma abundância de material que passava caoticamente pelo conjunto de dezenas das unidades trapicheiras".

Cezar Teixeira Honorato e Thiago Vinícius Mantuano, *O que era o trapiche? O porto e a cidade do Rio de Janeiro no século XIX*. Revista do Arquivo Nacional. Rio de Janeiro, v. 28, n. 1, jan./jun. 2015, p. 146 e 156.

A inadequação e a obsolescência da estrutura portuária não significam que alguns investimentos simbólicos deixassem de ser feitos no porto do Rio. O mais expressivo, na última década do Império, foi a transformação da antiga ilha dos Ratos, de nome e aparência igualmente depreciativos, em ilha Fiscal, dotada agora de um edifício majestoso para ser visto de qualquer embarcação, assim como do Centro da cidade. A construção, destinada objetivamente a abrigar um posto alfandegário para o controle das mercadorias importadas/exportadas, deveria também oferecer uma impressão agradável na porta de entrada da capital. A ilha Fiscal foi o palco do último baile da monarquia, evento símbolo da decadência do regime, e hoje representa uma joia, um tanto exótica, incrustada na baía de Guanabara como memória dos investimentos materiais e simbólicos realizados no porto do Rio.

ILHA FISCAL

Marc Ferrez, fotografando de uma embarcação, a ilha Fiscal, c. 1890
Acervo Library of Congress (EUA)

O pequeno castelo em estilo neogótico na entrada do porto do Rio de Janeiro foi construído na década de 1880 para servir às funções alfandegárias. Projetado pelo engenheiro Adolpho José Del Vecchio, diretor de Obras do Ministério da Fazenda, o edifício seguia um estilo então em moda na França, por influência do arquiteto Eugène Viollet-le-Duc. A obra teve a intervenção direta do imperador dom Pedro II, para que a construção não perturbasse o panorama da baía de Guanabara e seu colar montanhoso formado pelas serras do Mar e da Estrela.

Em princípios do século XX, a ilha Fiscal foi cedida à Marinha do Brasil, abrigando em suas instalações uma série de atividades navais e serviços técnicos, em lugar da fiscalização do movimento portuário, antes atribuída ao Ministério da Fazenda. Valorizada como lugar de memória, a ilha Fiscal foi restaurada e é hoje um dos espaços culturais mais visitados da região portuária do Rio de Janeiro, de onde se vê um belo panorama do porto e da baia.

As imagens da região portuária do Rio de Janeiro entre os séculos XIX e XX, além de registrarem sua grande transformação, também nos mostram que as obras de engenharia do passado, fotografadas com uma clara intenção de memória, representam um patrimônio e um ensinamento para as gerações seguintes. Essas imagens despertam uma reflexão sobre as expectativas de cada época em torno do espaço público e do desenvolvimento econômico. Dialogando com a memória de engenheiros ciosos de suas realizações e com a história de uma cidade acometida por surtos de modernização, as fotografias da região portuária nos primeiros anos do século XX ilustram bem o engenho e a arte de uma geração fascinada por toda sorte de maquinismos e suas engrenagens (guindastes hidráulicos, elevadores, trilhos etc.). Como instrumento de trabalho para o conhecimento científico em geral, e para a atividade tecnológica em particular, as fotografias de engenharia são uma fonte insubstituível para a compreensão do impacto social e ambiental causado por empreendimentos do passado que ainda nos alcançam no presente. A máquina administrativa do Estado, já então bastante complexa e cheia de ramificações, procurava mostrar a brasileiros e estrangeiros, através dessas fotografias, o que, como e para que o progresso e a civilização chegavam ao país. A história do porto do Rio e suas imagens se entrelaçam, portanto, com o processo de construção de outra grande "máquina", aquela que administra o próprio Estado brasileiro.[8]

---

[8] Maria Inez Turazzi, "Oh máquinas", in Maria Inez Turazzi (org.), *Um porto para o Rio*, Rio de Janeiro: Casa da Palavra, 2012.

A ilha de Villegaignon, durante a Revolta da Armada, por Juan Gutierrez, c. 1893
Acervo Instituto Moreira Sales

REVOLTA DA ARMADA

O fim da Monarquia, com a partida do imperador dom Pedro II para o exílio, em 1889, e a instauração da República, com os anos de crise que se seguiram, tiveram como cenário o porto do Rio. A sublevação dos oficiais da Armada, profundamente descontentes com o novo regime, seguida pela renúncia do marechal Deodoro da Fonseca, em 1891, desembocaram em uma crise institucional ainda mais séria após a posse do marechal Floriano Peixoto como presidente da República. Entre 1893 e 1894, a crise tomou proporções sangrentas: os revoltosos concretizaram as ameaças de bombardeio à cidade, encouraçados trocaram tiros com a artilharia dos fortes em poder do Exército e batalhas fratricidas envolveram milhares de soldados, marinheiros e oficiais. A revolta acabou contida pelas forças governistas, com o apoio do Partido Republicano Paulista e a intervenção de uma frota especialmente contratada nos Estados Unidos para esse fim, resultando em prisões e punições aos derrotados.

A movimentação das embarcações no porto do Rio e os estragos causados pela Revolta da Armada aos navios e instalações da Marinha e do Exército foram registrados pelos fotógrafos Marc Ferrez e Juan Gutierrez entre 1893 e 1894. Na mesma época, Victor Meirelles pintou um amplo panorama cenográfico, intitulado *Entrada da esquadra legal no porto do Rio de Janeiro*, exibido ao público em 1896 na rotunda instalada pelo pintor nas proximidades do antigo largo do Paço, já então denominado praça XV de Novembro em homenagem à proclamação da República.

Em 1890, a Empresa Industrial de Melhoramentos no Brasil, presidida pelo engenheiro Paulo de Frontin, obteve a concessão para construir um grande cais de atracação, entre o Arsenal da Marinha e a ponta do Caju, passando pelo dique da Saúde, o canal do Mangue e a enseada de São Cristóvão. O projeto previa o arrasamento do morro do Senado e o aterro das respectivas áreas alagadiças de toda essa região, além da instalação de guindastes, linhas férreas e armazéns para o transporte e a armazenagem de mercadorias ao longo do cais. Depois de anos de estudo e muitas discussões sobre o seu detalhamento técnico, financeiro e jurídico, o projeto chegou ao século XX sem ter sido executado. Finalmente, em 1903, com a obtenção de um vultoso empréstimo internacional, a obra foi, de fato, iniciada, não sem antes receber novos pareceres, levantamentos geológicos, planos e perfis.

O projeto implementado a partir de então dotou o porto do Rio de uma estrutura moderna, com um cais de 3.500 metros de extensão entre a Prainha (praça Mauá) e o canal do Mangue, profundidade compatível com a flutuação de navios de grande calado, além de fácil comunicação da região com o restante da cidade. As obras comandadas pela Comissão Construtora das Obras do Porto, chefiadas pelo engenheiro Francisco Bicalho (1847-1919), realizaram finalmente o alargamento e o alinhamento do cais por meio de aterros, já planejados há tempos, que fizeram desaparecer as ilhas dos Melões e das Moças e os alagadiços da área do Mangue, ampliando, assim, a extensão do canal construído ainda pelo barão de Mauá. As obras também viabilizaram a construção de grandes armazéns em estrutura de ferro pré-fabricada e alvenaria tipicamente inglesa para a armazenagem das merca-

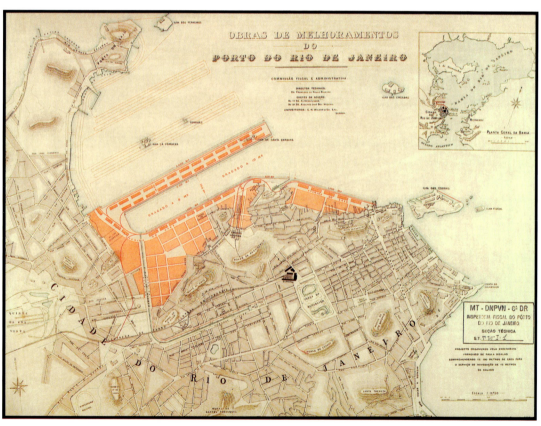

Obras de melhoramentos do Porto do Rio de Janeiro. Dr. Francisco Bicalho, 1907
Acervo Instituto Nacional de Pesquisas Hidroviárias

dorias (vinte principais e outros secundários), dotando o novo porto de cargas de instalações adequadas e facilidade de acesso por meio de grandes avenidas (avenida Central, hoje avenida Rio Branco, e avenida do Cais, hoje avenida Rodrigues Alves, além do canal do Mangue, hoje avenida Francisco Bicalho).

Todas essas mudanças na estrutura portuária ocorreram paralelamente a uma profunda intervenção urbanística na cidade, atendendo ao duplo propósito de qualificar o Rio de Janeiro para as novas demandas do comércio e das relações internacionais, bem como para responder ao anseio de melhorar a imagem do país por meio da remodelação de sua capital. O porto era o centro irradiador dessas transformações, embora boa parte da imprensa da época, como muitos cariocas em geral, tenha se ocupado principalmente das mudanças que saltavam aos olhos na avenida Central. A sala de visitas da capital, além de passarela das elegantes e vitrine dos modismos, também abrigava algumas das empresas mais importantes da cidade. Muitas eram ligadas às atividades portuárias, como a Companhia Docas do Rio de Janeiro, sediada em um edifício com motivos marítimos e uma porta monumental em madeira que, felizmente, resistiu à radical transformação da avenida no último século. No coração da região portuária, ruas foram alargadas e mudaram de nome (a da Prainha, com 6,5 metros, virou rua do Acre, com 17 metros), e velhos edifícios foram colocados abaixo. O Mercado da Harmonia, há muito convertido em cortiço insalubre e perigoso e depois devastado por um incêndio, deu lugar a uma praça com coreto e paisagismo típico de outras obras da administração do prefeito Pereira Passos. O velho presídio do Aljube, uma das edificações mais emblemáticas da região, veio abaixo em 1906.

Acervo Arquivo Público do Estado do Rio de Janeiro

Avenida Caes ao Porto - Rio de Janeiro 1910-1915
Foto Emydio José Ribeiro
Cartão-postal

As fotografias dos bondes elétricos circulando pela ampla e desabitada avenida do Cais do Porto, quando confrontadas com as cenas de estivadores transportando pesadas mercadorias pela região portuária, evidenciam o contraste do elegante deslocamento pelo novo cenário urbano com o ritmo estafante do trabalho no porto.

A ideia de que "o Rio de Janeiro é a capital, o cérebro, o coração do Brasil, é o centro propulsor da atividade nacional, sede do grande comércio, da grande indústria, da representação estrangeira"[9] era a tônica dos discursos, das reportagens e das charges que exprimiam o imaginário dessas transformações:

> "Tudo se passava rapidamente, como nos cenários das velhas mágicas. Lauro Müller erguia a muralha do cais do porto que nos poria definitivamente em contato com o mundo civilizado. Frontin, abrindo a clareira da avenida Central, preparava aquilo que os jornais da época denominavam a 'sala de visita' do país. Osvaldo Cruz, com a novidade do seu exército de mata-mosquitos, criava a defesa higiênica da cidade, apagando-lhe a fama assustadora de terra inabitável. Pereira Passos remoçava-a, destruindo-lhe as rugas da velhice, atacando-lhe os reumatismos da rotina e o gogo do atraso colonial." [10]

O *Astúrias* atracado ao cais no dia 22 de junho de 1913, com as alvarengas de permeio recebendo cargas
Acervo Arquivo Público do Estado do Rio de Janeiro

O Canal do Mangue e a avenida Francisco Bicalho, cortando e drenando os terrenos antes alagados, c. 1906
Acervo Arquivo Público do Estado do Rio de Janeiro

---

[9] Getúlio das Neves, "Ata da sessão solene de 25 de novembro de 1904", *Revista do Clube de Engenharia*, n. 20, set-dez de 1909, p. 195-196.

[10] Viriato Corrêa, "O Rio de Janeiro no alvorecer do século", *Revista da Academia Brasileira de Letras*, ano 43, v. 68, jul-dez 1944, p. 56-57, destaque no original (discurso de recepção a Luiz Edmundo).

A longa extensão do novo cais recebendo o *Astúrias* no porto do Rio, 1913
Acervo Arquivo Público do Estado do Rio de Janeiro

Augusto Malta e o passeio elegante pela avenida do Mangue, c. 1915
Acervo Instituto Moreira Salles

Em 1907, já se previa a ampliação das obras do porto de cargas, estendendo-a do canal do Mangue à ponta do Caju. A exploração dos serviços de carga e descarga, com a movimentação, o armazenamento e a guarda das mercadorias no porto, era realizada por concessão em concorrência pública, vencida por empresas com capital internacional. Em 1910, a nova infraestrutura da região portuária do Rio foi finalmente inaugurada, com a abertura do cais Lauro Müller, batizado em homenagem ao engenheiro que iniciara as obras do porto como ministro de Viação e Obras Públicas, e com a abertura da praça Mauá, ostentando seu ajardinamento e a estátua do barão ao centro. As obras continuavam em outras frentes, e os melhoramentos relacionados ao novo porto só desaceleraram na década de 1920.

Em 1913, ancorou no cais do porto da cidade o imponente *Astúrias*, navio a vapor do serviço postal britânico que inaugurou uma série de visitas ilustres, de pessoas e embarcações, à nova porta de entrada da cidade. A capital do país tinha, finalmente, um porto moderno! Essas chegadas e partidas davam testemunho inequívoco da capacidade de seu porto e do cosmopolitismo da cidade. Porto de cargas, dotado de instalações para a atracação de navios imensos e a importação/exportação de grande volume de mercadorias, mas também um porto de passageiros, com todas as comodidades necessárias ao embarque/desembarque de viajantes a negócios ou a passeio. O porto do Rio era agora também um porto turístico, e os transatlânticos que chegavam à cidade ofereciam o cenário perfeito para uma visita ao porto, a subida a bordo e, de quebra, um *menu* à francesa.

Jorge Kfuri, ainda em 1919, fez as primeiras fotografias áreas da região, registrando a praça Mauá e toda a extensão da avenida Rio Branco (à esquerda) e o conjunto de armazéns da zona portuária ao longo da avenida Rodrigues Alves
Acervo Diretoria do Patrimônio Histórico e Documentação da Marinha

A nova avenida, "tomada da Prainha" por Augusto Malta, antes da construção da praça, em 1906
Acervo George Ermakoff

A praça Mauá, em toda a sua amplitude, vendo-se o edifício A Noite e o Museu de Arte do Rio de Janeiro, à direita

PRAÇA MAUÁ

A completa transfiguração da Prainha dos velhos atracadouros e trapiches na moderna praça Mauá dotada de arborização e calçamento condizentes com a construção da avenida Central, passarela e vitrine dos novos tempos, não evitou que esse espaço nobre da cidade acabasse se transformando, ao longo do século XX, em um logradouro destituído de qualquer majestade. Inaugurada a 30 de abril de 1910, depois de receber uma coluna com a figura em bronze de Irineu Evangelista de Souza, o barão e visconde de Mauá, ela chegou a viver momentos de glória com a grande concentração de populares no embarque ou desembarque de personalidades, bem como nos comícios e desfiles diante dos novos arranha-céus que despontavam ao redor. Nas últimas décadas, entrecortada por viadutos e vias de grande circulação, deixou cada vez mais solitária a obra do artista Rodolpho Bernardelli, doada à cidade pelo Clube de Engenharia, até que as últimas reformas lhe restituíssem o antigo prestígio e, principalmente, a presença humana. A velha estátua, que já mudou de lugar diversas vezes e agora contempla as águas da baía de Guanabara diante do Museu do Amanhã, viu a praça novamente tomada por populares durante os Jogos Olímpicos realizados no Rio de Janeiro, em 2016.

 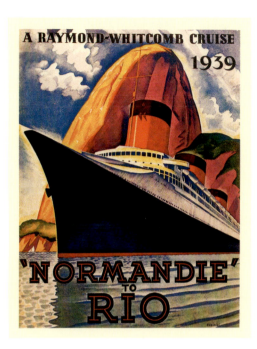

As informações e imagens do porto do Rio de Janeiro, anunciadas em publicações internacionais e cartazes coloridos, são uma atração a mais para a clientela das companhias marítimas que impulsionam a indústria do turismo na cidade:

> "A companhia de navegação Lloyd Brasileiro, subsidiada pelo governo brasileiro, mantém um serviço de transporte de carga e de passageiros, frequente e moderno, entre os portos da costa leste da América do Sul e Barbados e Nova York, nas Antilhas e na América do Norte.
>
> As linhas principais são: do Rio a Manaus, Rio a Buenos Aires, Rio ao Rio Grande, Santos a Nova York, Rio a Penedo, Rio a Laguna, Rio a Paranaguá, Rio a São Mateus, Rio Grande a Corumbá, Montevidéu a Corumbá, Corumbá a Cuiabá, Pará ao Rio Grande do Sul, Rio a Nova York, e Montevidéu a Corumbá.
>
> Os principais navios de passageiros são da linha de Nova York: São Paulo, Rio de Janeiro e Minas Gerais, cada um com 6.500 toneladas de deslocamento e com excelentes acomodações para passageiros de primeira, segunda e terceira classes. Estão aparelhados com todos os melhoramentos modernos para segurança e conforto dos passageiros, incluindo telegrafia sem fio e aparelhos de sondagens a grandes profundidades".

Arnold Wright, Impressões do Brasil no século vinte, Londres: Lloyd's Greater Britain Publishing Company, Ltd., 1913, p. 285.

Transatlânticos que chegam, aviões que sobrevoam, edifícios que arranham os céus, tudo converge para esse porto de modernidades no coração da cidade. Para muitos, o porto do Rio de Janeiro nasceu somente com as reformas do começo do século XX, relegando-se ao esquecimento da multiplicidade de sentidos da palavra porto e das funções portuárias, bem como dos empreendimentos que antecederam essa transformação. A pesquisadora Maria Cecília Velasco e Cruz identifica nessa ideia uma mentalidade presente em outras análises sobre o Rio de Janeiro:

"O mesmo clima de exaltação eufórica e as mesmas oposições totais entre o feio e o belo, o passado e o futuro, o atraso e o progresso estruturam as descrições sobre o funcionamento tanto do antigo sistema portuário, visto como um conjunto ultrapassado de trapiches precários e ineficientes, quanto do porto que em breve surgiria das obras redentoras: o cais moderno, que permitiria a atracação de grandes vapores e promoveria uma revolução nos métodos de trabalho, pela supressão das operações de carga e descarga de saveiros." [11]

A construção do edifício *A Noite* em foto aérea de toda a extensão entre a praça Mauá e a baía de Guanabara, anos 1930
Acervo Instituto Moreira Salles

---

[11] Maria Cecília Velasco e Cruz, "O porto do Rio de Janeiro no século XIX; uma realidade de muitas faces", *Tempo*, v. 4, n. 8, dez/1999, p. 123.

EDIFÍCIO "A NOITE"

Edifício *A Noite*
Foto Cesar Barreto

Construído na praça Mauá, onde antes estivera o edifício do Liceu Literário Português, o edifício *Joseph Gire*, nome do arquiteto francês responsável pelo projeto, mais conhecido como *edifício A Noite*, já foi o maior arranha-céu da América Latina. Além de sediar o famoso jornal carioca, teve entre seus inquilinos a Rádio Nacional, lugar de memória da cultura brasileira na Era do Rádio. Símbolo da modernidade que chegava ao país, com seus 22 andares, 102 metros de altura e 28 mil m² de construção em cimento armado, o prédio, que já foi a glória do Rio de Janeiro e da região portuária, encontra-se hoje em estado de abandono.

PARA LER E OUVIR

RÁDIO NACIONAL

A emissora foi criada no Rio de Janeiro, em 1936, com a compra da Rádio Philips. No primeiro ano, apresentava pequenas cenas de radioteatro intercaladas com números musicais e, já no ano seguinte, peças inteiras, em um programa chamado *Teatro em casa*. Entre 1940 e 1950, foi a principal emissora do país e um símbolo da chamada Era do Rádio. Sua programação ao vivo (programas de auditório, radionovelas, programas humorísticos e musicais) no edifício *A Noite*, no coração da praça Mauá, era retransmitida para todo o Brasil, liderando a audiência nos lares brasileiros até o aparecimento da TV. Os primeiros cantores a formar seu *casting* foram Sônia Carvalho, Elisinha Coelho, Silvinha Melo, Orlando Silva, Nuno Roland, Aracy de Almeida e Marília Batista, e a história da música popular brasileira não pode ser escrita sem um capítulo dedicado à Rádio Nacional.

O livro de Luiz Carlos Saroldi e Sônia Virgínia Moreira, *Rádio Nacional, o Brasil em sintonia* (2005), lançado originalmente pela Funarte, em 1994, exemplifica com sua terceira edição o interesse que a emissora sempre despertou na vida cultural brasileira. Outras histórias podem ser lidas em *A Rádio Nacional*, organizado por Claudia Pinheiro (2005), e em *As divas do rádio nacional, as vozes eternas da Era de Ouro*, de Ronaldo Conde Aguiar (2010).

Armazém no porto do Rio de Janeiro, registrado pela Inspetoria Federal de Portos, Rios e Canais, c. 1910
Acervo Arquivo Público do Estado do Rio de Janeiro

A ESTIVA E A VIZINHANÇA DAS MÁQUINAS

UM DOS PRINCIPAIS ESTUDOS SOBRE O PORTO DO RIO DE JANEIRO, realizado pelo pesquisador Sérgio Lamarão na década de 1980 e, desde a sua publicação, uma referência para outros estudos sobre o tema, sintetiza a centralidade desse espaço na dinâmica global da cidade e os novos conteúdos socioeconômicos atribuídos a trabalhadores e moradores da região, a partir de princípios do século XX:

A degradação das construções e a ocupação residencial dos velhos trapiches da região portuária, c.1903
Acervo Arquivo Público do Estado do Rio de Janeiro

"A redefinição do espaço portuário implicou a redefinição da totalidade urbana. Com efeito, a construção do novo porto foi o eixo, a base de uma ampla operação de renovação urbana, previamente concebida que, incidindo fundamentalmente em sua área central, promoveu uma completa reordenação da *urbis*, consolidando ao mesmo tempo um processo de hierarquização / segregação já em curso. (...)
As obras, além de terem destruído a promiscuidade da estrutura portuária anterior – trapiches, escritórios, cortiços, oficinas, compartilhando todos de um mesmo espaço –, alteraram drasticamente a geografia da área de estudo. As encostas povoadas, até então à beira-mar e integradas a um determinado conjunto de atividades econômicas, ficaram, num curto espaço de tempo, separadas por quilômetros do litoral. Nesse sentido, as obras foram também responsáveis por uma certa especialização espacial no interior da própria área configurando-se, em termos genéricos, o cais do porto como espaço de trabalho, e os morros e as imediações como espaço de moradia, zonas residenciais que ainda aglutinavam grande contingente de trabalhadores portuários." [1]

O lugar onde a inglesa Maria Graham procurou conhecer de perto o degradante mercado de escravos da cidade, realizando uma observação noturna, em 1822, um século mais tarde era considerado tão perigoso que poucos visitantes se aventurariam a uma caminhada pela região nesse horário. O escritor João do Rio (1881-1921), enxergando o "encadeamento lúgubre da miséria e do crime" no bairro da Saúde, definiu a região como o "caminho do desespero" e a "impressão do susto".[2] Entre becos e ruelas escuras, afastadas do cais e das avenidas em construção no novo porto do Rio, contrabandistas e criminosos faziam os seus próprios negócios. No interior de algumas casas e estalagens, os prazeres do corpo tinham se tornado a principal mercadoria e a fonte de sobrevivência de muitas mulheres que residiam na região. Moradores e trabalhadores que circulavam pela área, convivendo dia e noite com as obras em ritmo acelerado das novas instalações portuárias e das vias urbanas, viviam em condições cada vez mais apartadas das melhorias promovidas no centro comercial e nas áreas nobres da cidade.

---

[1] Sérgio Lamarão, *Dos trapiches ao porto: um estudo sobre a área portuária do Rio de Janeiro*, Rio de Janeiro: Prefeitura da Cidade do Rio de Janeiro, Departamento Geral de Documentação e Informação Cultural, 1991, p. 13-14.

[2] João do Rio, "As crianças que matam", in *Histórias da gente alegre: contos, crônicas e reportagens* da belle-époque carioca, organização de João Carlos Rodrigues, Rio de Janeiro: José Olympio, 1981, p. 40.

Cenas da vida carioca e seus conflitos nas imagens noturnas do gravador Oswaldo Goeldi, sem data
Acervo Fundação Biblioteca Nacional

Símbolo da malandragem e da criminalidade para os que temiam as vielas escuras do lugar, o porto sempre representou uma síntese expressiva das relações de trabalho no país. Antes da abolição, a mão de obra escrava, longe de destinar-se apenas à mineração e à agricultura, era empregada na região portuária em atividades como a construção civil, a reparação de navios e inúmeras tarefas relacionadas ao embarque e ao desembarque de mercadorias. Essas atividades, realizadas principalmente pela mão de obra avulsa empregada pelos donos de trapiche, fazia do cais do porto um dos locais onde escravos de ganho garantiam a renda de seus senhores e senhoras e os libertos encontravam alguma ocupação remunerada. Vendedores ambulantes que transitavam pela área estabeleciam, por sua vez, uma comunicação rotineira entre a cidade e o porto, oferecendo comida e miudezas para mercadores, marinheiros e trabalhadores. As quintanas, as tabernas e a oferta em plena rua de barbeiros e outros pequenos serviços completavam o cenário.

A carga movimentada no cais do porto era um símbolo da engrenagem que movimentava a estrutura portuária em uma sociedade na qual o trabalho físico representava uma espécie de condenação. O fardo sobre os ombros dos carregadores podia acarretar um ganho a mais para proprietários de escravos e donos de trapiches, pois o peso da mercadoria era computado no preço final dos serviços de carga e

Jardim Suspenso do Valongo, 2016
Foto Cesar Barreto

JARDIM SUSPENSO DO VALONGO

O Jardim Suspenso do Valongo, inaugurado em 1906 e recentemente restaurado, é um lugar emblemático da região. Obra da administração do prefeito Pereira Passos destinada a embelezar a área e abrigar ali a guarda municipal, situava-se diante do antigo largo do Depósito, ponto de reunião de trabalhadores portuários, e recebeu as quatro estátuas que ficavam no antigo Cais da Imperatriz, a essa altura já desativado e aterrado pelas obras do porto. Em uma região onde as condições de moradia se deterioravam a olhos vistos, com barracos e cortiços multiplicando-se por todo lado, o jardim não deixa de ser um dos símbolos mais evidentes das prioridades do poder público na região.

As quitandeiras da região portuária na pintura de J. J. Martin, 1848
Coleção Geyer / Museu Imperial

O angu das quidandeiras no mercado da
praia do Peixe, segundo Debret, em 1826
Acervo Fundação Biblioteca Nacional

A figura do marinheiro, no traço de
Frederico Guilherme Briggs, c. 1832-1836
Coleção Geyer / Museu Imperial

O negro vendedor de "balas do parto", uma
antiga tradição no caminho, aberto ainda
no século XVII, ligando a Igreja de Nossa
Senhora do Parto (ao final da rua São José)
ao Morro da Conceição
Coleção Geyer / Museu Imperial

Os serradores e seus trabalhos de carpintaria no porto, registrados por Debret, em 1821
Acervo Museus Castro Maya

descarga. Daí o persistente desinteresse na adoção de sistemas mais modernos de transporte das mercadorias e a crônica economia de investimentos nos maquinismos que começavam a dominar a cena em grandes portos de comércio no exterior. O francês Charles Ribeyrolles, acompanhando uma observação já feita por Debret, comentou a questão ao descrever as atividades portuárias no Rio de Janeiro em meados do século XIX:

> "Os [escravos] mais moços e robustos fazem o serviço entre os armazéns e o porto, carregam e descarregam os navios. Dificilmente se encontrariam mais belos grupos de estivadores, vivos e velozes, em Marselha ou nas docas de Londres. É verdade que lá o grande comércio tem todos os seus petrechos – os guindastes, os moitões, as polias, os cabrestantes, os pequenos caminhos de ferro – não se tem tanta necessidade de atrelar o homem." [3]

A antiga região de manguezais, com um litoral bastante recortado por enseadas e uma barreira de montanhas ao fundo, modificou-se profundamente com a transformação em espaço portuário. Os mor-

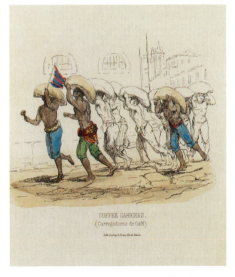

Carregadores de café no porto do Rio ilustrando os "costumes brasileiros" nos álbuns de souvenirs da *Litografia Briggs*
Coleção Geyer / Museu Imperial

---
[3] Charles Ribeyrolles, *Brasil pitoresco*, São Paulo: Edusp, 1980, v.1, p. 204. Reedição de obra publicada originalmente em 1859.

ros da região mudavam sua fisionomia, e as chácaras estabelecidas no Morro da Conceição desde o século XVIII eram agora reduzidas a lotes menores, passando a abrigar também portugueses empobrecidos que chegavam ao Brasil em busca de emprego. Em 1852, o barão da Gamboa e outros proprietários da região começaram a abrir ruas e a converter áreas de plantação em lotes residenciais. Os bairros da Saúde, da Gamboa e de Santo Cristo, incluindo os morros da Conceição e do Livramento, foram recebendo mais e mais moradores, principalmente depois que as obras de remodelação do centro do Rio e construção do novo porto, iniciadas em 1903, colocaram abaixo barracos e velhos casarões de antigas habitações coletivas, expulsando a população pobre para as proximidades da ferrovia e do porto. Com a progressiva degradação da área atrás da Estação de Ferro Central do Brasil, inaugurada em 1858, uma parte do morro do Livramento, desmembrada com o nome de morro da Providência, passou a ser ocupada por um novo tipo de assentamento urbano na cidade que, pouco tempo depois, ficaria consagrado pelo nome de *favela*.

Morro da Favela, foto Augusto Malta, 1921
Acervo Arquivo Geral da Cidade do Rio de Janeiro

MORRO DA PROVIDÊNCIA

No fim do século XIX, um aglomerado de barracos de madeira e folhas de zinco começou a se formar nas encostas do morro do Livramento, ocupado por uma população ainda mais pobre do que aquela obrigada a dividir os velhos casarões e armazéns que abrigavam alguns cortiços na parte baixa do morro, nas proximidades da ferrovia. Essa parte do morro do Livramento passou a chamar-se morro da Providência e, já no começo do século XX, ficou conhecida como morro da Favela, expressão que acabaria dando origem à difusão da palavra e da paisagem hoje mundialmente identificada com os contrastes sociais no Brasil. O nome também deu fama ao lugar como a primeira favela do Rio de Janeiro, embora essa prioridade seja controversa. Em todo caso, em 1904, uma centena de barracos ocupava aquelas encostas e, em 1933, o número havia subido para 1.458. O relatório sobre habitações populares apresentado pelo engenheiro Everardo Backheuser, em 1906, ao ministro da Justiça e Negócios Interiores era preciso e, ao mesmo tempo, irônico: "para ali vão os mais pobres, os mais necessitados, aqueles que, pagando alguns palmos de terreno, adquirem o direito de escavar as encostas dos morros e fincar com quatro mourões os quatro pilares de seu 'palacete'".

Os morros sempre foram um ponto de vista privilegiado para a visão objetiva e subjetiva da cidade. Do alto das montanhas que emolduram o Rio de Janeiro, há séculos descortinamos no horizonte o cenário natural e as transformações de sua história urbana e social. Dos morros que viraram sinônimo de favela, experimentamos há pouco mais de um século os contrastes e as desigualdades dessa paisagem singular, ainda que os significados atribuídos à palavra não sejam exclusividade dos morros e, muito menos, do Rio de Janeiro ou do Brasil. A favela tornou-se um dos símbolos da cidade, e a palavra acabou se tornando também um dos sentidos da desigualdade no mundo. Embora englobem realidades sociais e culturais bastante diversas, as favelas são vistas por muitos unicamente como espaços de exclusão, pobreza e violência. Os contrastes representados por sua presença no cenário monumental do Rio de Janeiro já foram considerados uma antítese da chamada 'Cidade Maravilhosa', porém hoje representam mais do que tudo a complexidade e a urgência de um outro projeto de cidade.

Uma das faces do morro da Providência, entre a linha férrea e a zona portuária, na fotografia aérea de Mario Tama, 2015
Getty Images

Santuário do Cristo Redentor no morro da Providência.
Foto de Augusto Malta
Acervo Fundação Biblioteca Nacional

O Santuário de Cristo Redentor, construído no alto do morro da Providência. O oratório é um marco dos primeiros tempos da ocupação do morro e ainda está lá
Acervo Cdurp

Em princípios do século XX, a ocupação de velhos trapiches como local de moradia, o estado de abandono de antigos depósitos e embarcações, o adensamento da população na encosta de morros e a multiplicação de vielas e becos sem ventilação, coleta de lixo e outros serviços básicos provocavam uma sensível deterioração das condições sanitárias dos bairros portuários, agravada pela carência e degradação das moradias disponíveis (cortiços, casas de cômodos, barracos). A orla da Saúde e da Gamboa, longamente afetada pela infestação de mosquitos em terrenos alagadiços, assim como pela proximidade dos navios com doenças trazidas a bordo, agora se deparava também com epidemias facilitadas pela precariedade das habitações coletivas que se multiplicavam na região.

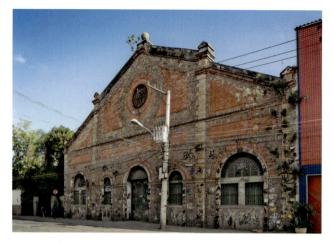

O trapiche Modesto Leal, de princípios do século XX, já bastante deteriorado, foi tombado pelo Patrimônio Municipal em 1996 | Foto Cesar Barreto

Um antigo trapiche na região portuária, antes da construção do novo porto, entre 1903-1910
Acervo Arquivo Público do Estado do Rio de Janeiro

PORTO DE REVOLTAS

A cena portuária foi palco de algumas das principais manifestações de protesto dos setores populares do Rio de Janeiro em princípios do século XX.

A Revolta da Vacina, em 1904, motivada por despejos, demolições e um ambiente de insatisfação generalizada com as condições de vida e trabalho, teve o seu estopim na vacinação obrigatória e no que parecia, à época, mais um despotismo das autoridades. A revolta espalhou trincheiras e barricadas por vários pontos da cidade, mas o bairro da Saúde foi o seu principal reduto, onde sacos de areia, troncos de árvores e trilhos de bonde criaram a atmosfera de um verdadeiro "Porto Arthur", referência emblemática à resistência russa na guerra com os japoneses. Bombardeada a região por terra e por mar, a revolta foi sufocada, e os rebeldes, derrotados, deixando como saldo alguns mortos, muitos feridos, dezenas de presos e outros tantos deportados.

A Revolta da Chibata, liderada por João Cândido (1880-1969), ocorreu em 1910, tendo como protagonista uma parcela considerável dos marujos embarcados nos cruzadores e encouraçados da Marinha de Guerra ancorados no porto do Rio. Filho de escravos, João Cândido entrou para a Armada aos quatorze anos, atuando em diversas funções (artilheiro, maquinista, instrutor etc,) e viajando por vários portos, brasileiros e estrangeiros. Motivada pelo inconformismo com a má alimentação e os castigos corporais impostos aos marinheiros, a revolta teve como bandeira a defesa da dignidade humana e da justiça social. Os revoltosos apossaram-se de vários navios de guerra e ameaçaram bombardear a cidade, mas, depois de abolida oficialmente a prática da chibata, aceitaram a volta dos oficiais ao comando das embar-

O marinheiro João Cândido lê o decreto de anistia publicado no Diário Oficial, em 25 de novembro de 1910 | Foto Augusto Malta
Acervo George Ermakoff

cações. Mesmo assim, João Cândido e outros foram aprisionados em condições sub-humanas na ilha das Cobras e, embora anistiados por pressão da opinião pública, acabaram vítimas da expulsão em massa realizada nos quadros da Marinha, sendo muitos deportados para a Amazônia, onde chegaram a trabalhar como escravos. A liderança e o carisma de João Cândido concederam-lhe a fama de ser o Almirante Negro e uma bela composição de João Bosco e Aldir Blanc, vetada pela censura militar, em 1975. Falecido em 1969, depois de quatro décadas vivendo como pescador, João Cândido recebeu um perdão póstumo, em 2008, com o reconhecimento pelo governo federal de sua luta por dignidade e justiça.

Os populares ao redor de um quiosque na rua da Saúde, Augusto Malta. c. 1903
Acervo George Ermakoff

Uma figura feminina no mundo do trabalho portuário
Acervo Arquivo Público do Estado do Rio de Janeiro

As obras do novo porto tinham sido o principal atrativo da região para um grande contingente de imigrantes portugueses, hoje facilmente reconhecíveis nas fotografias de época: camisas de algodão cru ou simples camisetas justas, tamancos de madeira, faixas na cintura, eventualmente algum boné e, quando a idade permitia, o indefectível bigode com pontas viradas para cima. Imigrantes e afrodescendentes podiam ser vistos trabalhando juntos nos aterros, nas pedreiras e na construção de muradas, pontes, diques, armazéns, ruas e praças que davam nova fisionomia às instalações portuárias e a toda a região compreendida entre a praça Mauá e a ponta do Caju. Muitos portugueses eram também carroceiros, uma atividade essencial à construção civil e ao transporte das mercadorias entre o porto e a cidade, uma vez que a ligação férrea com a Central do Brasil não supria tal demanda.

RECÉM-CHEGADOS

Filho de pai austríaco e mãe portuguesa, o poeta e romancista Papi Júnior (1854-1934) conhecia bem a convivência de imigrantes recém-chegados com a dureza já vivida por antigos moradores na região portuária do Rio de Janeiro, cidade onde nasceu e viveu até os 20 anos:

"Um pouco para cima ficava uma grande fundição, de exterior enegrecido no renque [mesma fileira] dos edifícios vizinhos. No grande portão escancarado, o António se detinha a olhar para dentro. Interessava-o o mover das figuras tisnadas e vulcânicas que, naquele antro denegrido, andavam na vida insana do trabalho, envolvidas nas golfadas ásperas do fumo e nas labaredas queimantes das fornalhas. O ferro liquefeito, em lava, amarelento, caía dos baldes, levados por braços vigorosos, para os moldes, estendido no chão, como se fossem catacumbas infernais denegridas pelos séculos".

Papi Júnior, "Gamboa", in Nelson Costa, *Páginas cariocas*, 3 ed., Rio de Janeiro: Jacintho Ribeiro, 1927, p. 39.

Estas imagens oferecem a oportunidade para uma reconstituição visual das figuras humanas que protagonizaram a modernização portuária do Rio de Janeiro nos primeiros anos do século XX. A distinção dos postos de trabalho, visível nas vestimentas e nos gestos encenados diante da câmera fotográfica, exprime uma cultura organizacional estabelecida na hierarquização não apenas das tarefas, mas dos próprios trabalhadores. Em tais ambientes, a introdução de novas tecnologias convive com as condições de trabalho que serão objeto de greves e protestos: vigilância severa, tarefas arriscadas, baixos salários e ausência de direitos trabalhistas.

Trabalhadores portugueses no porto do Rio, 1903-1911
Acervo Arquivo Público do Estado do Rio de Janeiro

Trabalhadores, capatazes e engenheiros nas obras de construção do porto, 1903-1911
Acervo Arquivo Público do Estado do Rio de Janeiro

O protagonista de todo este enredo de trabalho e suor na atividade portuária é, há séculos, a figura do carregador. Associado ao trabalho eventual, à força bruta e ao espírito combativo, ele sempre foi a peça-chave da movimentação de mercadorias em qualquer porto comercial. A cena aqui descrita era frequente na região portuária do Rio de Janeiro desde a abolição do trabalho escravo até fins do século XX:

> "A contratação da mão de obra avulsa estava sujeita às flutuações do mercado, ou seja, o número de pessoas chamadas para determinado serviço dependia da quantidade de carga que deveria ser embarcada ou desembarcada naquele dia. Todos os dias, em diversos horários, vários homens se reuniam "na parede" – local onde os interessados se apresentavam para disputar uma vaga nas turmas que fariam o serviço – em busca de trabalho. O número de braços contratados para o serviço variava de acordo com a carga, e a escolha dos homens era feita através da "chamada livre", sem obedecer nenhum critério predefinido. Quem queria trabalhar levantava a mão e "rezava" para ser apontado pelos capatazes ou encarregados das firmas agenciadoras da mão de obra, responsáveis pela contratação. Esse sistema levou à criação e manutenção de um exército permanente de reserva na área do porto, ao qual os empregadores recorriam nos momentos de pico do movimento portuário, o que levava à depreciação dos salários".[4]

Carregamento de sacos de trigo para o Moinho Inglês na linha férrea do porto do Rio, c. 1910
Acervo Arquivo Público do Estado do Rio de Janeiro

O crescimento do comércio marítimo nacional e internacional fomentou a definição de novas regras aduaneiras, a ordenação de contratos de transporte e, claro, a especialização das funções administrativas e dos postos de trabalho nos portos. A palavra capatazia, por exemplo, é até hoje uma expressão corriqueira nesse universo, embora pouco familiar fora dele. Originária da função de mando representada pelo capataz, ela se cristalizou no meio portuário como a atividade de movimentação das mercadorias em terra, incluindo o recebimento, o transporte e a abertura de volumes para a conferência aduaneira, e define hoje o pessoal encarregado dessas atividades.

Já o estivador, aquele que movimenta a carga a bordo dos navios, consolidou a sua função nos portos sob a denominação genérica de estiva, palavra que define o coletivo de estivadores, mas também todo o trabalho de carga, descarga e arrumação das mercadorias no interior das embarcações. Códigos de conduta, relações hierárqui-

[4] Érika Bastos Arantes, *O porto negro: cultura e trabalho no Rio de Janeiro dos primeiros anos do século XX*. Dissertação de Mestrado, Campinas, Unicamp, 2005, p. 30, destaques no original.

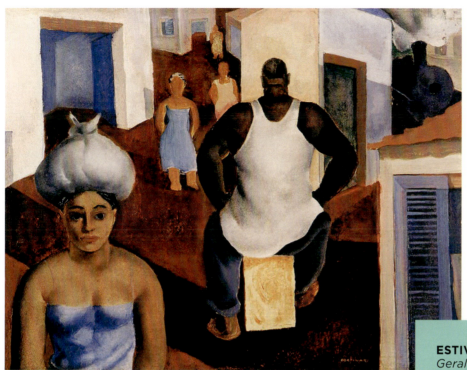

Candido Portinari, *O estivador*,
óleo sobre tela de 1934
Projeto Portinari

cas, procedimentos de segurança, estratégias de aprendizagem e formas de reconhecimento mútuo no ambiente de trabalho estão embutidas na terminologia específica das relações de trabalho nos portos. Em 1933, foram criadas as Delegacias de Trabalho Marítimo, primeiro dispositivo legal dentro do ordenamento jurídico brasileiro a tratar da mão de obra portuária, instituindo os serviços de inspeção, disciplina e policiamento do trabalho nos portos.

Fora do ambiente marítimo, a imagem do trabalhador portuário passou a ser representada pela figura do estivador, personagem emblemático do trabalho nos portos até a segunda metade do século XX. O estivador emprestou a sua alma a composições, obras de arte e logradouros, como a praça dos Estivadores, localizada no porto do Rio. A assembleia de fundação do sindicato da categoria, em 1903, é até hoje um marco simbólico das lutas por melhores condições de vida e trabalho, ocasião na qual os estivadores enfrentaram a polícia em verdadeira batalha campal na região. O compositor Geraldo Pereira (1918-1955), sambista que morreu jovem, vítima de uma facada do temível capoeirista Madame Satã, transitava pelos bairros do Rio como motorista da Limpeza Urbana. Enturmado nas rodas de samba da Mangueira, dedicou uma de suas músicas aos estivadores, composição que o grupo Skank regravou em 1994:

ESTIVADOR
Geraldo Pereira

Açúcar no cais do porto
É na estiva, é na estiva
Às vezes me sinto morto
A alma morta, a carne viva

Podiam me esquecer
É tudo igual, é todo dia

Disputas na estivagem
Viver de amor, calor e briga
E Capo é um bom selvagem
Empurra o fardo com a barriga

Podiam reconhecer
Alguém mais fraco sucumbia
Mas eu aguento a carga do vapor
Sou calejado, sou estivador!

As putas do porto partem
Na convulsão dos dias quentes
Que voltem, que fartem
Com meu coraçãozinho ardente

Podiam lembrar de mim
Alguém sincero lembraria
Mas eu seguro a carga do vapor
Sou calejado, sou estivador!

A praça dos Estivadores, no largo de tantas reuniões e protestos, 2016

PRAÇA DOS ESTIVADORES

O porto é um lugar de memórias que se superpõem. Um dos melhores exemplos é a praça dos Estivadores. Largo do Depósito quando os africanos escravizados eram desembarcados no Cais do Valongo, transformou-se em largo da Imperatriz em 1843, com as reformas para receber dona Teresa Cristina. Virou largo da Redenção em 1888, com a abolição da escravatura, até que passou a hospedar, no número 66, o Sindicato dos Estivadores, recebendo então o nome atual. A praça foi recentemente restaurada.

Detalhe de um panorama da cidade, tomado do morro de São Bento por Debret, publicado em 1839
Coleção particular

As exigências colocadas pela movimentação de cargas cada vez mais complexas e volumosas em grandes embarcações estimularam a mecanização dessa atividade nos portos internacionais. Por essa razão, os guindastes costumam ser o maquinismo mais visível em qualquer grande porto da atualidade, considerando-se as dimensões que essas imensas estruturas metálicas assumiram nas últimas décadas. Mas o dispositivo concebido para a elevação e a movimentação de pesadas estruturas para além da capacidade humana é, na verdade, bem mais antigo do que a maior parte das cidades portuárias que conhecemos. Desde as primitivas estruturas em madeira, roldana e pedra que deram lugar, com a Revolução Industrial no século XVIII, aos guindastes em ferro e aço, os equipamentos mecânicos têm sido peças-chave do transporte marítimo. Eles estão presentes na história do porto do Rio de Janeiro desde o seu nascimento, quando foram empregados pelos jesuítas para carregar morro acima, na encosta do Castelo, as pedras da construção de seu convento. Aparecem também na imagem desenhada por Froger (página 43, letra H) e nos desenhos de outros viajantes que estiveram no Rio de Janeiro, como Debret.

Na segunda metade do século XIX, começaram a ser empregados de forma sistemática no porto do Rio, como parte do esforço de modernização de suas instalações portuárias. Em 1877, o ministro da Fazenda do Império chegou a exaltar a aquisição do equipamento, afirmando que a melhoria era importantíssima para transformar "a Alfândega do Rio de Janeiro em um estabelecimento de docas de primeira ordem, como convém à prosperidade do nosso comércio". Os aparelhos que substituíam os antigos guindastes movidos "a braço" ou a "máquinas a vapor ordinárias" facilitavam e aceleravam a descarga dos navios, mas, ao diminuírem a demanda por braços, logo enfrentaram a oposição dos proprietários de velhos trapiches, que alegavam graves prejuízos provenientes da "vizinhança das máquinas".[5] Com a construção do

O guindaste diante do navio atracado no novo cais do porto, vendo-se à direita antigos contêineres de madeira, c. 1913
Acervo Arquivo Público do Estado do Rio de Janeiro

novo porto no começo do século XX, os guindastes elétricos foram introduzidos em toda a extensão do cais. Em ocasiões festivas, como a inauguração oficial das obras do porto em 1910, os guindastes eram enfeitados com bandeiras e galhardetes.

No fim do século XIX, o porto de Santos tornou-se o principal exportador do Brasil, sendo o país o maior produtor mundial de café e a bebida, a responsável pelo maior volume das nossas exportações. O porto do Rio de Janeiro, deslocado para a segunda posição, continuou liderando as importações. Essas mudanças, longe de representarem um encolhimento das atividades portuárias na cidade, refletiam uma tendência mundial à diferenciação e à especialização do setor portuário (passageiros, mercadorias, minérios etc.). A continuidade das obras de ampliação do porto do Rio, depois de sua inauguração oficial, em 1910, representou um novo avanço sobre a faixa de mar, com a retificação e o aterro de áreas da baía em frente ao bairro de São Cristóvão até a ponta do Caju.

---

[5] Borja Castro, *Descrição do porto do Rio de Janeiro e das obras da Doca d'Alfândega*, Rio de Janeiro: Imperial Instituto Artístico, 1877, esp. 39-41.

A cábrea Marechal de Ferro levantando um guindaste, c. 1910-1913
Acervo Arquivo Público do Estado do Rio de Janeiro

Os guindastes instalados no novo cais do porto, construído entre 1903-1910
Acervo Arquivo Público do Estado do Rio de Janeiro

Foto Fernando Quevedo / Agência O Globo

GUINDASTES, PATRIMÔNIO DA CIDADE

Os guindastes do cais do porto do Rio de Janeiro são agora patrimônio cultural da cidade. Como os antigos armazéns, eles fazem parte da memória da atividade portuária e integram a paisagem urbana característica da região. Em 2015, a Prefeitura do Rio de Janeiro tomou a decisão de proteger a sua permanência e a sua preservação na zona portuária, com base no inventário realizado pelo Instituto Rio Patrimônio da Humanidade (IRPH). De acordo com o decreto de tombamento, qualquer intervenção nesses equipamentos deverá ter a aprovação prévia do Conselho Municipal de Proteção do Patrimônio Cultural.

A cidade do Rio de Janeiro foi declarada, em 2012, patrimônio da humanidade na categoria "paisagem cultural urbana". A candidatura foi apresentada à Unesco, em 2009, pelo Instituto do Patrimônio Histórico e Artístico Nacional (Iphan), sendo aprovada três anos depois, após uma série de visitas, avaliações e compromissos. Bastante festejada na época, ela representa um reconhecimento mundial, mas também um grande desafio às instituições federais, estaduais e municipais dedicadas à proteção dessa paisagem em uma metrópole tão complexa como o Rio de Janeiro. A zona portuária foi considerada uma "área de amortecimento", ou entorno, dos limites estabelecidos para a paisagem "entre a montanha e o mar" que é agora patrimônio da humanidade.

Exportação de tecidos em pequenos contêineres de madeira,
Revista Manchete, 1965
Coleção particular

O Brasil ansiava por oferecer ao mundo, diante de relações comerciais cada vez mais competitivas, uma visão promissora das potencialidades econômicas do porto de cargas recém-construído na capital do país.

Em 1924, o ministro da Viação e Obras Públicas defendeu a realização de novas obras de ampliação do porto do Rio de Janeiro, argumentando que aquele era um pensamento patriótico. Era preciso organizar o serviço de carga e descarga de carvão e minérios, separadamente dos outros serviços do cais e, assim, transformar o porto carioca no grande entreposto de comércio do continente sul-americano. Em pouco tempo, a sua capacidade já estava novamente aquém do movimento das embarcações na baía de Guanabara, demonstrada com números que impressionavam: de 1.455 navios, em 1920, o movimento saltou para 2.105 navios, em 1923. O ministro também apresentou outros argumentos:

O Cemitério de São Francisco Xavier, ou simplesmente Cemitério do Caju, o maior da cidade, foi instalado na região em 1840 e integrava o conjunto de hospitais, asilos, hospícios e cemitérios da Santa Casa de Misericórdia do Rio de Janeiro. Ele representa, desde o século XIX, um símbolo daquela parte da baía, posteriormente convertida em bairro que poucos cariocas conhecem e muitos nem sabem que existe para além dos túmulos que dominam a vista de quem passa pela avenida Brasil e pela Linha Vermelha. São poucas as referências sobre a evolução das atividades portuárias na ponta do Caju, destacando-se entre os documentos disponíveis a obra *Impressões do Brasil no século vinte*, de 1913, publicação de 1.080 páginas impressa na Inglaterra.

Embarque de minérios na estação marítima da ferrovia, c. 1910
Acervo Arquivo Público do Estado do Rio de Janeiro

IMPRESSÕES DA PRAIA DO CAJÚ

"Em 1868 fundou o sr. Belmiro Rodrigues Mascarenhas um pequeno negócio para a venda de carvão de madeira, produzido localmente, na cidade do Rio de Janeiro. A esse negócio foi mais tarde agregado o da venda de carvão de pedra importado de Newcastle e logo depois o de carvão de Cardiff. Nos últimos vinte anos do século XIX, o negócio cresceu na mesma proporção que o comércio do porto do Rio e a indústria nativa. (...) As importações da firma atingem de 80 mil a 90 mil toneladas anuais, e o carvão, de acordo com contratos, é vendido ao governo brasileiro, à Estrada de Ferro Central, ao Lloyd Brasileiro e outras companhias de navegação, assim como a muitas fábricas do interior. O carvão para uso doméstico é quase todo vendido na cidade do Rio de Janeiro. Para socorrer às necessidades de seu comércio, tem a firma depósitos de carvão, um dos quais na ilha de Pombeba, na baía do Rio. Este depósito é propriedade da firma e tem espaçosos telheiros e uma ponte que permite aos vapores encostar para descarregar. A capacidade de armazenagem é de 30 mil toneladas.

As docas e abrigos na praia do Cajú e os depósitos na avenida do Mangue e avenida Beira-Mar comportam cerca de 5 mil toneladas. Os rebocadores Glória e Santa Leocádia, juntos a um grande número de saveiros e barcas, asseguram o cumprimento dos contratos da firma, que têm escritórios à rua Primeiro de Março, 69".

Reginald Lloyd (ed.). *Impressões do Brazil no seculo vinte: sua historia, seo povo, commercio, industrias e recursos.* Londres, 2013.

Panorama da praia do Caju, por Augusto Malta, em 1923: da direita para a esquerda, a ilha das Enxadas; a instalação do gasômetro; o cais do porto; o cemitério do Caju/São Francisco Xavier; ao lado, o Arsenal de Guerra das Forças Armadas; ao fundo, o morro de São João; e, ao fim, o asilo de São Luiz e a ponta da enseada
Arquivo Geral da Cidade do Rio de Janeiro / Coleção Costa Ferreira

A área aterrada nas proximidades do bairro do Caju, c. 1910
Acervo Arquivo Público do Estado do Rio de Janeiro

Grande número desses vapores, na falta de cais para atracação de todos eles, descarrega ao largo, de onde as mercadorias são levadas para os trapiches ainda existentes ao longo do litoral (...). De sorte que, mesmo executando as obras contratadas do porto de minérios e da zona franca, não desapareceria a necessidade de mais cedo, ou mais tarde, e seguramente em simultaneidade com elas, realizar o prolongamento do cais atual.

A realização das obras, executadas entre as décadas de 1920 e 1930, e o aumento das importações/exportações do país nesse mesmo período garantiram ao porto do Rio de Janeiro os investimentos necessários para a expansão de sua capacidade de operação. Em 1932, foi criado o Departamento Nacional de Portos e Navegação, órgão diretamente subordinado ao Ministério da Viação e Obras Públicas e, em 1936, a exploração comercial e as obras portuárias, até então administradas por concessionárias privadas, foram encampadas pela União e pelas subordinadas à Administração do Porto do Rio de Janeiro, vinculada ao mesmo ministério. Em 1960, o Rio deixou de ser a capital política e administrativa do Brasil, mas a tonelagem e o valor das mercadorias que passavam pelo seu porto, no recém-criado estado da Guanabara, continuavam representando perspectivas promissoras para a cidade.

Em 1965, nas comemorações do IV Centenário do Rio, a matéria assinada por Lêdo Ivo (1924-2012), jornalista, poeta e escritor alagoano apaixonado pelo lugar que escolheu para viver, é bem reveladora do espírito ufanista das edições comemorativas da época. A reportagem da *Revista Manchete*, intitulada "O Rio é uma festa" (10 abr. 1965), ilustrando as principais importações/exportações e a instalação do estaleiro Ishikawajima na ponta do Caju, destacava:

Vista aérea do porto do Rio, c. 1930-1940
Acervo Fundação Biblioteca Nacional

"O Rio deve muito de seu progresso à baía de Guanabara, uma das grandes portas do Brasil para o mundo e centro incessante do nosso intercâmbio com o exterior. O porto da Cidade Maravilhosa exporta grandes quantidades de algodão, café, cera de carnaúba e minerais, vindos de diversos pontos do leste brasileiro. As principais importações ali registradas são as de trigo, motores e derivados de petróleo".

Fabricação de biscoitos pelo Moinho Inglês. *Revista Manchete*, 1965
Coleção particular

Exportação de tecidos, plásticos e máquinas.
Revista Manchete, 1965
Coleção particular

Vista da região portuária de Barcelona

Uma grande transformação na atividade portuária, no entanto, estava em curso nos principais portos do mundo, provocada pela disseminação do chamado contêiner. Entre os imensos caixões retangulares de madeira, empregados nas ferrovias inglesas ainda na primeira metade do século XIX, passando pelo desenvolvimento de estruturas metálicas com modelos e tamanhos variados para o acondicionamento de mercadorias, até a padronização dos contêineres e o estabelecimento de um sistema modal de transporte (ferroviário, marítimo, fluvial etc.), foram deixados para trás séculos de dependência da força de trabalho humana na carga e na descarga de embarcações. A cena portuária mudaria completamente, com a multiplicação de terminais marítimos para a movimentação e a estocagem dos contêineres, a fabricação de embarcações especialmente desenhadas para transportá-los e o desenvolvimento de novos e possantes modelos de guindastes que completaram a revolução tecnológica representada por esse sistema. O porto do Rio, guardadas as suas particularidades, passou pelo mesmo processo de transformação.

Portos de passageiros, de grãos, de minérios, de contêineres... Hoje se diferenciam claramente e, dentro deles, as áreas destinadas às suas diferentes demandas e especializações. Em todo o mundo, as áreas anteriormente destinadas às atividades de carga e descarga, assim como velhas ferrovias, usinas e indústrias,

OUTROS PORTOS

Um estudo comparativo dos projetos de revitalização de áreas portuárias revela-nos que, em Baltimore, priorizou-se a valorização do centro da cidade; em Barcelona, o desafio de receber os Jogos Olímpicos em 1992; na cidade do Cabo, a promessa de superar históricos desafios sociais; em Buenos Aires, a proposta de integrar a cidade ao rio da Prata; em Roterdã, a ideia de conectar as margens do rio Maas, estimulando uma nova centralidade urbana; em Hong Kong, a expectativa de promover a convivência e o lazer na área sem prejuízo das atividades do maior porto do mundo em movimentação de contêineres.

"No conjunto dos casos, fica nítida uma intensa negociação e uma ampla colaboração entre iniciativa privada e poder público, que resultaram em propostas diversas, demonstrando que a vontade política de estabelecer diretrizes de mudanças pode levar a combinações hábeis, que convirjam em direção ao êxito do planejamento urbano em portos revitalizados".

Verena Andreatta (org.).
Porto Maravilha; Rio de Janeiro + 6 casos de revitalização portuária, Rio de Janeiro: Casa da Palavra, 2010

Contêineres na região portuária do Rio de Janeiro
Foto Claudio Edinger

entraram em decadência econômica na segunda metade do século XX, transformando-se em locais com visível deterioração das edificações e sensível degradação ambiental. Londres, Hamburgo, Roterdã e muitas outras cidades começaram a se deparar com o desafio de integrar esses espaços tradicionais, valorizando as antigas áreas portuárias segundo objetivos e critérios que, embora definidos caso a caso com maior ou menor preocupação social, têm em comum a perspectiva de atender à lógica econômica dos novos tempos.

Os números impressionam, atestando a importância da atividade portuária na cidade do Rio de Janeiro para a economia brasileira como um todo. Mas também apontam o tamanho dos desafios colocados para o presente e o futuro da cidade portuária. Na água, o velho problema da profundidade e da dragagem de suas margens torna impossível a atracação dos grandes navios cargueiros atualmente lançados ao mar, chamados de "supercontêineres", e que exigem pelo menos 16 metros de profundidade. Em terra, outro velho problema, agora com nome e contornos atuais, continua provocando o aumento os custos envolvidos nos serviços portuários. Trata-se da logística de importação, pois o tempo gasto entre a chegada e a atracação do navio até a retirada da carga, passando por todo o processo de conferência e liberação dos contêineres pelos órgãos intervenientes no porto do Rio chega a superar 14 dias, segundo dados da Receita Federal do Brasil, em 2015. Um porto que atenda com agilidade, eficiência e conforto às necessidades de todos os que demandam as suas instalações e serviços, perfeitamente integrado aos modais de transporte (rodoviário, ferroviário e aquaviário) continua sendo a principal expectativa em torno desse antigo personagem na vida da cidade.

PORTO EM NÚMEROS

O porto do Rio de Janeiro conta, atualmente, com 6.740 metros de cais contínuo e um píer de 883 metros de perímetro, com os seguintes trechos: Cais Mauá (35.000m² de pátios descobertos), Cais da Gamboa (60.000m² de área coberta em 18 armazéns e pátios com áreas descobertas de aproximadamente 16.000m²), Cais de São Cristóvão (12.100m² em dois armazéns cobertos e uma área de pátios com 23.000m²), Cais do Caju e Terminal de Manguinhos. Existem ainda dez armazéns externos, totalizando 65.367 m², e oito pátios cobertos (11.027m²), com capacidade de estocagem

para 13.100 toneladas, além de outros terminais de uso privativo na Ilha do Governador (exclusivo da Shell e da Esso), na baía de Guanabara (Refinaria de Manguinhos) e nas ilhas d'Água e Redonda (Petrobras).

A Companhia Docas do Rio de Janeiro (CDRJ), embora tenha no nome uma semelhança com a antiga "Docas", companhia privada que arrendou a exploração comercial do porto do Rio, em 1910, é uma empresa de economia mista, regulamentada por decretos e portarias, desde a criação da Portobras, em 1975, com sucessivas alterações de competência como a autoridade portuária do Rio de Janeiro no Sistema Portuário Nacional e, portanto, integrante da administração pública indireta. Os portos de Itaguaí, Niterói e Angra dos Reis, com o Rio de Janeiro, também estão sob sua competência.

Segundo dados da CDRJ, 6.469.789 toneladas de cargas foram movimentadas no porto do Rio em 2015, distribuídas em 1.291.411 toneladas de granéis sólidos, 292.223 toneladas de granéis líquidos e 4.886.155 toneladas de cargas gerais, entre as quais 3.904.587 toneladas foram cargas conteinerizadas.

Além de toda a variedade de cargas acomodada nos contêineres, como peças e equipamentos diversos, essa movimentação inclui produtos que têm uma longa história no porto do Rio, como sal, café e trigo, ao lado de bobinas de papel, automóveis, minério de ferro, petróleo e derivados, carvão e produtos siderúrgicos em geral.

Veja mais em: www.portosrio.gov.br

PARA OUVIR

O porto, como personagem, é um sujeito artístico e tem presença marcante na literatura, na pintura, na música, no cinema, em todas as formas de criação ou interpretação do mundo, nas mais diversas latitudes, no passado e no presente. As relações amorosas também fazem parte desse universo portuário tão vasto, geralmente associado ao trabalho e ao cotidiano de seus moradores. Dentre tantas possibilidades, que tal ouvir "A mulher de cada porto", de Edu Lobo e Chico Buarque? A música integra o álbum *O corsário do rei*, lançado em 1985, e faz parte da trilha sonora da peça de teatro homônima do diretor e dramaturgo Augusto Boal (1931-2009).

ELE
Quem me dera ficar meu amor, de uma vez
Mas escuta o que dizem as ondas do mar
Se eu me deixo amarrar por um mês
Na amada de um porto
Noutro porto outra amada é capaz
De outro amor amarrar, ah
Minha vida, querida, não é nenhum mar de rosas
Chora não, vou voltar

ELA
Quem me dera amarrar meu
amor quase um mês
Mas escuta o que dizem as pedras do cais
Se eu deixasse juntar de uma vez meus amores num porto
Transbordava a baía com todas as forças navais
Minha vida, querido, não é nenhum mar de rosas
Volta não, segue em paz

OS DOIS
Minha vida querido (querida) não é nenhum mar de rosas

ELE
Chora não

ELA
Segue em paz

A CIDADE E O PORTO,
CONVIVÊNCIAS E TRANSFIGURAÇÕES

EM 1872, QUANDO FOI realizado o primeiro censo do Brasil, a cidade do Rio de Janeiro tinha 274.972 habitantes. O recenseamento da população brasileira, um empreendimento complexo e inovador para a época, compreendia o registro oficial não apenas da população livre, mas também de escravos, indígenas e imigrantes, segundo sua nacionalidade. Os dados desse censo, recentemente disponibilizados pelo Instituto Brasileiro de Geografia e Estatística (IBGE) na internet, revelam que cerca de 4 milhões de africanos desembarcaram no Brasil em 350 anos de tráfico negreiro, e um número aproximado de imigrantes europeus chegou ao país entre 1870 e 1930.

A cidade do Rio de Janeiro foi o destino de boa parte desse imenso fluxo humano, expresso nas estatísticas de seu vertiginoso crescimento populacional: os números saltam de 274.972, em 1872, para 522.651, em 1890, atingindo 1.157.873 em apenas trinta anos (1920).

Levando em conta outros fatores, a população da cidade já estava multiplicada por quatro; meio século depois, com 4.315.746 de pessoas; em 1970, chegando ao número de 6.320.446 habitantes, em 2010, ocasião do último censo. De acordo com esse levantamento, os bairros da Saúde, da Gamboa, de Santo Cristo e do Caju, juntamente com setores de São Cristóvão, Centro e Cidade Nova, ao redor, abrigavam menos de 50 mil habitantes. O Índice de Desenvolvimento Humano (IDH), que considera taxas de alfabetização e escolaridade, expectativa de vida e renda *per capita*, estava entre os menores do Rio de Janeiro. A desvalorização da região ao longo do século XX e sua baixa densidade populacional, se comparadas a outras áreas da cidade, devem-se ao desprestígio característico das zonas portuárias como local de moradia e à perda de expressão e redução da mão de obra empregada no setor, bem como ao seu progressivo isolamento, a despeito da proximidade geográfica do centro urbano.

Panorama do Rio de Janeiro, tomado do Morro da Conceição, por Friedrich Hagedorn, c. 1860
Coleção Geyer / Museu Imperial

Mapa do Rio de Janeiro, 1900
Acervo Library of Congress (EUA)

A Prainha e o casario da Saúde, esboçados por Debret, c. 1817-1829
Acervo Banco Itaú

O Cemitério dos Ingleses, desenhado por Maria Graham, publicado em seu livro, 1824
Coleção particular

O primeiro panorama fotográfico da orla da Saúde, em estampa de E. Ciceri e P. Benoist, c. 1845
Coleção Geyer / Museu Imperial

O Cemitério dos Ingleses tornou-se um exemplo emblemático do afastamento dos bairros portuários do próprio mar, ainda que sem perder a identidade construída em função dessa proximidade. Em princípios do século XIX, a inglesa Maria Graham (1785-1842) encontrou ali um cenário paradisíaco que se transformaria completamente no século seguinte. Viúva de um oficial inglês, ela publicou as impressões e memórias que coletou pelo mundo (Índia, Itália, Chile, Brasil) em diversas obras, utilizando seu igual talento com o lápis e o pincel para ilustrar seus relatos. A temporada vivida no Brasil, à época da Independência, foi lançada na Inglaterra, em 1824, quando ela já estava de volta ao Rio de Janeiro como preceptora da princesa Maria da Glória, filha de dom Pedro I e futura rainha de Portugal:

> "Fui hoje, a cavalo, ao cemitério protestante na praia da Gamboa, que julgo um dos lugares mais deliciosos que jamais contemplei. Inclina-se gradualmente para a estrada ao longo da praia; no ponto mais alto, há um belo edifício constituído por três peças (...) entre estas e a estrada, algumas árvores magníficas".[1]

Depois da abertura dos portos, em 1808, a presença dos muitos ingleses, avessos à tradição portuguesa de enterramento no interior das igrejas católicas, foi acompanhada pela construção de cemitérios a céu aberto onde a comunidade britânica pudesse guardar os seus mortos. Em 1811, em uma bucólica e aprazível encosta na praia da Gamboa, no bairro da Saúde, foi inaugurado o Cemitério dos Ingleses. Um século mais tarde, a visita ao campo santo pecava justamente por sua localização desagradável e perturbadora. O escritor Coelho Neto (1864-1934) resumiu a mudança com uma sentença: "triste cemitério de exílio". Para o acadêmico maranhense, membro fundador da Academia Brasileira de Letras, como para boa parte dos cariocas de princípios do século XX, o local representava, de fato, um duplo exílio. O dos ingleses, enterrados tão distantes de sua terra natal, e também o dos vivos, constrangidos pela necessidade de "deixar as portas da cidade" para alcançar um sítio cada vez mais distante do que pretendia ser uma capital "moderna" e "civilizada". Tudo ali era diferente, com outro aspecto, outros tipos: "a própria lama é negra, como feita de pó de carvão".[2]

O Cemitério dos Ingleses na gravura do barão de Planitz (Karl Robert Planitz), impressa em Hamburgo, na Alemanha (c. 1840)
Coleção Geyer / Museu Imperial

Abraham Louis Buvelot. A enseada da Gamboa, c. 1840
Coleção Geyer / Museu Imperial

---

[1] Maria Graham, *Diário de uma viagem ao Brasil*, São Paulo: Edusp, 1990, p. 366.

[2] Coelho Neto, "A saúde", in Nelson Costa, *Páginas cariocas*, 3 ed., Rio de Janeiro: Jacintho Ribeiro, 1927, p. 40-42.

Enquanto percorria os caminhos tortuosos da cidade que conduziam ao antigo cemitério, Coelho Neto cruzou com grupos barulhentos que "fumavam e gargalhavam à porta das vendas", observando com desapreço "tanoeiros besuntados" e "embarcadiços em mangas de camisa", "carregadores curvados ao peso de sacas" e "negros de busto nu reluzindo ao suor", "mulheres esmolambadas" e "crianças maltrapilhas". O ambiente contaminado pela exposição dos corpos era, na visão do "príncipe dos prosadores brasileiros", um convite ao vício e à perdição. Mas as tradições enraizadas na Saúde, na Gamboa e em Santo Cristo já começavam a cruzar a cidade por outros caminhos. O próprio escritor foi um dos primeiros intelectuais brasileiros a reconhecer o valor cultural da capoeira, proibida formalmente desde 1821, defendendo sua introdução nas escolas e nas Forças Armadas.

O Cemitério dos Ingleses, diante da enseada da Gamboa, na visão do francês Alfred Martinet, c. 1847
Coleção Geyer / Museu Imperial

Negro de costas com facão, diante de uma praia ou uma enseada,
em aquarela do barão von Löwenstern (1786-1856), 1828
Coleção Geyer / Museu Imperial

Capoeiras sendo levados para o castigo, em um dos raros registros do
tema no século XIX, por Frederico Guilherme Briggs (1813-1870)
Acervo Fundação Biblioteca Nacional

O antigo mercado, então um grande cortiço, e as áreas alagadas ao lado do Moinho Fluminense, antes do aterro para a construção da praça da Harmonia
Arquivo Público do Estado do Rio de Janeiro

CAPOEIRA

Com seus "significados híbridos de luta e festa", a capoeira tornou-se um dos símbolos da resistência à escravidão e, como apontou Carlos Eugênio Líbano Soares, historiador e antropólogo, uma das expressões da "simbiose cultural" de tradições africanas enraizadas no Rio de Janeiro com aquelas que chegavam à cidade na segunda metade do século XIX. Os capoeiras livres eram, então, na sua maioria, imigrantes pobres vindos de Portugal. O pesquisador observou, em *A negregada instituição: os capoeiras na Corte Imperial. 1850-1890*, livro de 1999, que "fadistas e capoeiras compartilhavam uma mesma origem: subprodutos de uma sociedade urbana desigual e violentamente excludente, eles simbolizavam um universo cultural singular e único".

Foto Maria Buzanovsky

Em princípios do século XX, os capoeiras de todos os matizes encarnavam a figura do malandro carioca. Como os antepassados, traziam uma navalha presa ao corpo e nervos de aço, deixando à mostra o olhar penetrante e o andar gingado. A polícia continuava a persegui-los e, em meio a novas formas de convivência e cumplicidade entre essas forças, sua disposição para o enfrentamento também era a mesma de antes. Muitos trabalhavam agora no cais do porto e em outras áreas da cidade, como guarda-costas, capangas, mercenários e demais ocupações duvidosas da extensa rede de relações entre a ordem e a desordem, a criminalidade e a repressão policial no espaço urbano.

Vestindo calças largas, paletó desbotado, camisa de cor, chapéu de feltro e botinas de bico fino, já não tinham mais a aparência maltrapilha dos velhos tempos. A descrição é de Mello Moraes Filho (1844-1919), autor de *Festas populares do Brasil* (1888), obra consagrada por sucessivas reedições. Médico por formação, músico diletante e estudioso das manifestações culturais constitutivas da identidade nacional (assentada, em sua perspectiva, na "união das três raças"), ele pode ser definido como o "criador de um caminho de convivência entre setores da elite intelectual carioca com as manifestações populares".[3]

A roda de capoeira reúne música, canto, dança, gesto, indumentária, jogo e brincadeira, além de símbolos e rituais da herança africana recriados no Brasil. Em 2008, ela foi inscrita no *Livro de Registro das Formas de Expressão* pelo Instituto do Patrimônio Histórico e Artístico Nacional (Iphan), como patrimônio cultural imaterial dos brasileiros, hoje espalhado pelo mundo (ver http://portal.iphan.gov.br/videos/detalhes/20). O Centro Cultural Pequena África, instalado no Jardim Suspenso do Valongo (ver cap 5, p. 113), é um dos espaços da região portuária onde podem ser apreciadas as rodas de capoeira da cidade.

---

[3] Martha Abreu, "As memórias do Divino", *Revista do Instituto do Patrimônio Histórico e Artístico Nacional*, n. 28, 1999, p. 41.

Largo da Prainha, 2016 | Foto Cesar Barreto

Porto de convívios e contrastes, a malandragem, a diversão e o ócio compartilham o espaço e o tempo na região portuária com as mais diversas ocupações de trabalhadores contratados ou avulsos, organizados em associações e sindicatos:

> "No porto e fora dele, pretos e brancos, nacionais e imigrantes, estivadores, arrumadores, foguistas e carvoeiros estavam sempre se esbarrando no dia a dia das ruas próximas ao cais do porto, nos botequins, nos cortiços e nas horas de descanso ou lazer. Esses momentos de folga e diversão devem ser entendidos como um espaço de comunicação, de troca e de criação de laços, para além daqueles construídos durante a execução do trabalho ou da organização institucional. (...) Para a maioria dos portuários, a jornada de trabalho não tinha a rigidez disciplinar presente no trabalho da fábrica, por exemplo. Assim, era comum que os limites entre a hora de trabalho e a de "não trabalho" fossem bastante fluidos. Essa falta de rigidez, típica dos trabalhos ocasionais, moldava a vida daqueles homens em vários níveis: desde o acesso à moradia ao confronto diário com a polícia republicana".[4]

A predominância da população afrodescendente em bairros como Saúde, Gamboa, Santo Cristo, Cidade Nova e Estácio representou o florescimento de uma cultura popular vibrante ao redor do centro financeiro e comercial da cidade. Esse território simbólico, batizado de "Pequena África" por Heitor dos Prazeres (1898-1966), tinha na música um elemento intrínseco de sua ancestralidade e da resistência ao apagamento das raízes africanas. A música, por sinal, foi também uma das formas de sobrevivência mental à própria violência da escravidão. As lojas do Valongo, por exemplo, pareciam "salões de baile", como chegou a comparar Debret, notando que "os moleques amontoados no centro do quarto nunca se mostravam muito tristes", pois o local ficava tomado pelo som dos escravos "girando sobre si próprios e batendo o compasso com as mãos". Uma vez desembarcados na região portuária, as celebrações e os ritmos trazidos de além-mar misturavam-se às comemorações e ao calendário das igrejas católicas instaladas nas proximidades. Como lugar de convergência e afirmação da africanidade e de suas formas de convívio com outras expressões da cultura popular no Rio de Janeiro, os bairros portuários foram se diferenciando do restante da cidade.

---

[4] Érika Bastos Arantes, *O porto negro: cultura e trabalho no Rio de Janeiro dos primeiros anos do século XX*. Dissertação de mestrado, Campinas: Universidade Estadual de Campinas (Unicamp), 2005, p. 16.

Pedra do Sal em desenho do sambista João da Baiana
Museu da Imagem e do Som do Rio de Janeiro

A Pedra do Sal, ao final da rua Argemiro Bulcão, no chamado largo do João da Baiana, na Saúde, transformou-se em símbolo desse encontro de culturas e um dos mais importantes monumentos da região portuária, especialmente para a Comunidade Remanescente do Quilombo da Pedra do Sal. Durante séculos, o local serviu para o desembarque da mercadoria trazida pelas embarcações que ancoravam na Prainha. Dali, ela era levada pelos escravos até os trapiches e armazéns ao redor. Os degraus escavados na parte baixa do granito facilitavam o transporte das sacas, encurtando o caminho e diminuindo a fadiga, da mesma forma como as ruelas entre as edificações da parte superior ainda hoje encurtam a distância até o alto do morro, remetendo-nos a outro tempo. Apesar de todas as modificações nas proximidades, entre meados dos séculos XIX e XX, a Pedra do Sal permaneceu relativamente intacta, convertida em ponto de encontro para estivadores e moradores da região em seus momentos de folga e cantoria. Nela, estiveram reunidos grandes compositores do passado, como Donga, Pixinguinha, Heitor dos Prazeres e o próprio João da Baiana. Em 20 de novembro de 1984, a Pedra do Sal foi tombada pelo Instituto Estadual do Patrimônio Cultural e, nas duas últimas décadas, as rodas de samba passaram a atrair muita gente de outras partes da cidade.

Imagem contemporânea da Pedra do Sal, lugar de memória
Foto Cesar Barreto

A região portuária tem, entre as figuras que marcaram sua história, personagens cuja existência (real ou simbólica) e respectivas biografias fazem parte do patrimônio cultural dos brasileiros. Tia Ciata é uma delas. Hilária Batista de Almeida (1854-1924) desembarcou no Cais do Valongo, em 1874, vindo da Bahia, a exemplo de outros afrodescendentes que, especialmente depois da Abolição, buscavam na capital do país melhores condições de vida.

O porto de chegada era também o lugar do encontro com os seus e com as oportunidades de emprego e moradia. Como tantas tias baianas, ialorixás do Candomblé que procuravam escapar da perseguição policial, a famosa mãe de santo abrigava em seu terreiro a força de trabalho, a devoção religiosa e o espírito festivo dos trabalhadores da estiva. Tia Ciata promovia, em torno de seus quitutes, as famosas rodas musicais de batuque, jongo e outros ritmos que deram origem ao samba e aos ranchos carnavalescos. O livro de Roberto Moura, *Tia Ciata e a Pequena África no Rio de Janeiro* (Rio de Janeiro, Secretaria Municipal de Cultura, 1995) e a Organização Cultural Remanescentes de Tia Ciata (http://remanescentestiaciata.blogspot.com.br/) trazem muitas referências sobre o tema.

O personagem e o retrato, reverenciados pela
Organização Cultural Remanescentes de Tia Ciata

HEITOR DOS PRAZERES, PERSONAGEM PATRIMONIAL

Pintor Heitor dos Prazeres, 1965 | Foto Pedro de Moraes

Os chamados "personagens patrimoniais" contam hoje com organizações e sites que, ao promoverem o conhecimento de suas histórias, contribuem para a preservação e a valorização da cultura popular. Um deles é Heitor dos Prazeres (1898-1966), artista multifacetado que cresceu nas cercanias da praça Onze e foi um dos primeiros frequentadores das rodas de samba no terreiro da Tia Ciata, antes de se notabilizar como letrista e compositor da música popular, além de instrumentista inovador e expoente do cavaquinho, até passar a se dedicar também, já na fase madura, aos pincéis com os quais retrataria o mundo do samba com reconhecimento internacional. O sentimento que carregava no nome, ele levou ao pé da letra em sua vida pessoal ("Heitor vivia e amava muito") e em composições bem-humoradas, em parceria com Noel Rosa, Sinhô e outros bambas da época, com os quais fundou a Estação Primeira da Mangueira e a escola de samba Vai Como Pode, hoje Portela. A biografia e a obra de Heitor dos Prazeres foram reunidas por seu filho Heitorzinho, um "músico de linhagem" reconhecido pelos críticos, no livro *Heitor dos Prazeres*, sua arte e seu tempo (2003, com texto da pesquisadora Alba Lírio) e no site www.heitordosprazeres.com.br

145

O samba, "um bonito modo de viver", na feliz expressão do compositor Nelson Sargento, também é considerado patrimônio cultural imaterial do Brasil, inscrito pelo Iphan no *Livro de Registro das Formas de Expressão*, desde 2007. As razões dessa salvaguarda podem ser lidas como um alerta para o valor cultural das formas de convivência tradicionais associadas ao samba, desde o seu nascimento fortemente cultivadas na região portuária:

> "A preservação da tradição do samba no Rio de Janeiro foi pensada de forma a retomar a prática espontânea, de improviso, sem limitar a transmissão do saber às aulas das escolas de samba. Com a espetacularização do samba-enredo, diminuíram-se os espaços para se praticar as formas mais tradicionais do samba – o partido-alto e o samba de terreiro. Houve redução da quantidade de solistas de instrumentos como o pandeiro e a cuíca, e dimlnuição no número de partideiros, os improvisadores. (...) O samba do Rio de Janeiro contribui para a integração social das camadas mais pobres. Tornou-se um meio de expressão de anseios pessoais e sociais, um elemento fundamental da identidade nacional e uma ferramenta de coesão, ajudando a derrubar barreiras e eliminar preconceitos. Incentivar a prática do samba é também uma maneira de minimizar as diferenças sociais".[5]

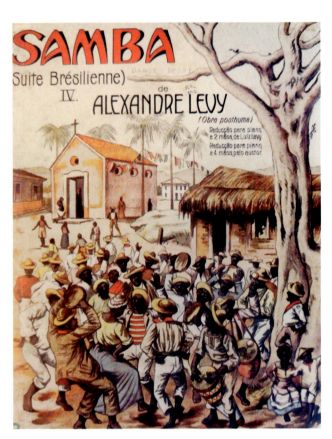

O encontro da música erudita com os sons, as imagens e os gestos da cultura popular na partitura de Alexandre Levy (1864-1892)
Partitura publicada pela Casa Edson, em 1907
Acervo Fundação Biblioteca Nacional

---

[5] Disponível em <http://portal.iphan.gov.br/noticias/detalhes/1941/samba-do-rio-de-janeiro-e-patrimonio-cultural-do-brasil>.

As associações de trabalhadores, como a União dos Operários da Estiva, criada em 1903, eram impregnadas por esse "bonito modo de viver", representando novas formas de sociabilidade e expressão introduzidas pelo século XX. A Sociedade de Resistência dos Trabalhadores em Trapiche e Café, criada em 1905, organizou o seu próprio rancho carnavalesco, o Recreio das Flores, posteriormente denominado Rancho da Saúde. Por outro lado, essas associações também representavam uma forma coletiva e independente de estruturar a oferta de mão de obra pelos próprios estivadores. Como observa Maria Cecília Velasco e Cruz, os trabalhadores eram então

> "sujeitos plenos da ação, negociando as tarefas a realizar, desenvolvendo um modo próprio de trabalhar ao ritmo da música e do canto africanos, decidindo o tamanho das turmas de trabalho de acordo com a quantidade e o peso dos volumes a carregar, impondo uma economia de esforço pela recusa em trabalhar com grupos reduzidos se o peso da carga fosse muito grande, e preservando margens de sociabilidade e lazer ao irem comemorar o pagamento do serviço no botequim da esquina."[6]

A organização dos rodízios de estivadores e o controle das oportunidades de trabalho no sistema portuário, além da militância em defesa de seus membros, tornaram essas associações muito poderosas, uma vez que toda a produtividade das operações ficava parcialmente condicionada por sua interferência. Em 1934, a União dos Operários Estivadores foi transformada em sindicato, e a atuação da entidade ficou sujeita ao maior controle governamental, especialmente durante a ditadura do Estado Novo. Mas seu enorme poder de negociação ainda se estenderia por muitos anos, pois a estrutura que consolidou a legislação portuária e a influência dos sindicatos na contratação da mão de obra só seria revogada em 1993, quando todo o sistema já estava marcado por outras relações de trabalho e inovações tecnológicas.

---

[6] Maria Cecília Velasco Cruz. "Tradições negras na formação de um sindicato: Sociedade de Resistência dos Trabalhadores em Trapiche e Café", Rio de Janeiro, 1905-1930, in *Afro-Ásia*, n. 24, 2000, p. 260.

"O Cais do Porto, arquivo de saber
Lugar onde se aprende o que quer,
Uns pugnam pela virtude
Outros se iludem
Dada a facilidade
Enveredam por maus caminhos
Depois desse desalinho
Adeus Sociedade

Eu pelo menos
Tudo aquilo que colhi
Riquezas de calos nas mãos
Da moral impoluta
Jamais esqueci
Aí as religiões
Todas fazem presença
Fazem refeição e sobremesa
Má querência

O cais do porto, arquivo de saber

(...)

Eu com quatro anos de associado
Juntei-me a um veterano
Reivindicando um direito
No Ministério do Ensino
Como soberano".

Aniceto de Menezes e Silva Júnior, o Aniceto da Serrinha, trabalhador do porto na década de 1940 e um dos fundadores do G.R.E.S. Império Serrano, compôs este partido-alto transcrito por Érika Bastos Arantes (2005, op.cit.).

Barracão da Mangueira na Cidade do Samba
Foto Cesar Duarte

CIDADE DO SAMBA

Desde as suas origens, o carnaval carioca emprestou um sentido próprio às palavras, às fantasias e aos sonhos: "clubes", "cordões", "ranchos", "blocos", "grêmios", "barracões", "escolas" e, mais recentemente, uma "cidade" devotada ao samba. Este comemora em 2016 o seu centenário simbólico, a partir do registro da música "Pelo Telefone", na Biblioteca Nacional, em 27 de novembro de 1916.

Inaugurada no bairro de Santo Cristo, em 2005, a Cidade do Samba marca uma nova fase dos desfiles de Carnaval, já profundamente alterados pela construção da Passarela do Samba (o "Sambódromo"), em funcionamento desde 1984. Batizada com o nome do carnavalesco Joãosinho Trinta, em 2011, a Cidade do Samba foi concebida como um espaço para reunir os "barracões" que, historicamente, abrigam as oficinas de produção e montagem dos desfiles dos "grêmios recreativos", como são denominadas oficialmente as escolas de samba.

O local é, ainda, um centro administrativo de toda essa estrutura, onde funciona a sede da Liga Independente das Escolas de Samba do Rio de Janeiro (Liesa), instituída como representante legal das agremiações desde 1984, além dos barracões de 13 escolas do Grupo Especial que se apresentam a cada Carnaval. O projeto remete-nos à arquitetura industrial das primeiras décadas do século XX e, em particular, aos galpões do próprio porto já ocupados pelas escolas de samba no passado e hoje com novas destinações.

A Cidade do Samba é, também, um lugar de visitação e de imersão nos bastidores de uma festa que se manifesta a cada ano mais vibrante, em sua inesgotável capacidade de sobreviver e se renovar. Inserida no universo onírico do Carnaval, ela está plenamente integrada à economia criativa da cidade e à indústria do Turismo, do Entretenimento, das Artes e do Artesanato.

Vista aérea da ponta do Caju, na baía de Guanabara, por S. H. Holland, c. 1930
Acervo Fundação Biblioteca Nacional

Vista aérea do viaduto da avenida Perimetral, c. 1965 | Foto Raul Lima
Acervo Fundação Biblioteca Nacional

Depois de séculos de identificação como porto de mar, a Cidade Maravilhosa de princípios do século XX agora projetava sua imagem com uma moldura composta por montanhas oferecidas à visitação e praias associadas aos modismos de cada verão. Enquanto os cariocas descobriam a orla como espaço de lazer e os guias de turismo valorizavam a vocação balneária do Rio, a região portuária se deteriorava cada vez mais. A ocupação de forma precária dos morros da Providência, do Livramento e do Pinto, sem muralhas de sustentação, saneamento e outros serviços, geravam demandas que não encontravam resposta no poder público. A abertura da avenida Presidente Vargas, nos anos 1940, criou uma segmentação da Saúde, da Gamboa e do Santo Cristo com os bairros da Cidade Nova, do Catumbi e do Estácio, historicamente interligados, além de isolá-los da área nobre do centro urbano. A construção da avenida Perimetral, nos anos 1960, via de passagem e tráfego pesado, afastou de vez esses bairros de seu convívio com a orla marítima, já distanciada e modificada por vários aterros. Com as mudanças tecnológicas no carregamento, no transporte e no armazenamento dos produtos e toda a transformação do sistema portuário trazida pela conteinerização, os antigos armazéns do cais do porto ficaram obsoletos, chegando ao final do século XX em visível estado de abandono. Para a estocagem dos contêineres, automóveis e mercadorias foram criadas instalações em grandes áreas no bairro do Caju. A ausência de investimentos do poder público na região portuária, a degradação dos antigos imóveis residenciais ali existentes e, a partir dos anos 1980, a transferência ou a falência de empresas tradicionais, como a Fábrica de Café e Chocolates Bhering, a exemplo de muitas outras, completaram o quadro de deterioração da paisagem portuária do Rio de Janeiro.

Como áreas residenciais inseridas no contexto das atividades econômicas de um grande porto e, ao mesmo tempo, apartadas das melhorias promovidas na Zona Sul e no centro financeiro e comercial da cidade, os bairros da Saúde, da Gamboa e do Santo Cristo permaneceram relativamente fiéis às suas características demográficas e arquitetônicas de princípios do século XX. Situação que contribuiria para a preservação de valores culturais e formas de sociabilidade da população local, a despeito da enorme efervescência e da verticalização da cidade ao redor.

O livro *História dos bairros: Saúde, Gamboa, Santo Cristo* (1987), elaborado por uma equipe de pesquisadores cariocas, destacou-se entre os estudos que começavam a despontar nos meios universitários dedicados aos bairros do Rio de Janeiro. Combinando a abordagem histórica com um amplo levantamento iconográfico, o livro se transformou em fonte de consulta obrigatória e importante instrumento de defesa do patrimônio cultural da região:

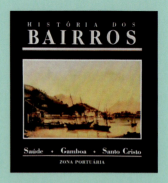

"Os bairros portuários ficaram, de certa maneira, à margem da cidade, no tempo e no espaço. No tempo, porque enquanto a cidade se modernizava através da verticalização da área central e de bairros como Copacabana, na Saúde, na Gamboa e no Santo Cristo, as formas se cristalizavam, as atividades permaneciam, as tradições se perpetuavam. Marginalizados também no espaço, pela sua própria conformação geográfica. Esse isolamento seria acentuado a partir de meados do século XX, devido a importantes intervenções urbanísticas promovidas pelo espaço público. À margem até do porto, uma vez que o grande aterro afastou definitivamente os antigos bairros marítimos do mar, e as áreas aterradas nunca chegaram a se integrar realmente com as áreas antigas. Os elos de ligação com a cidade iam sendo rompidos lentamente, isolando aos poucos os três antigos bairros portuários".[7]

A rua do Jogo da Bola, no morro da Conceição, em 1962
Foto Douglas Alexandre
Acervo Fundação Biblioteca Nacional

Casas à beira da calçada, antigos sobrados de uso plurifamiliar, vilas operárias e outros tipos de habitação popular, além dos barracos nas favelas que se multiplicaram na região e em toda a cidade, atravessaram o século XX e chegaram aos nossos dias. Paralelamente, "trapiches, galpões, armazéns, casarios no estilo colonial português, empresas, edifícios abandonados, ocupações irregulares, vazios urbanos e um importante acervo cultural e arquitetônico de imóveis tombados também podem ser encontrados na região".[8]

---

[7] Elizabeth Cardoso et al., *História dos bairros: Saúde, Gamboa, Santo Cristo*, Rio de Janeiro: Índex; João Fortes Engenharia, 1987, p. 128.

[8] Augusto Ivan de Freitas Pinheiro; Nina Maria de Carvalho Elias Rabha, *Porto do Rio de Janeiro: construindo a modernidade*, Rio de Janeiro: Andrea Jakobsson, 2004, p. 14.

No entanto, o estigma de degradação, violência e prostituição no porto e adjacências promoveria uma espécie de apagamento de toda a região da imagem que se queria dar a ver da cidade e seus encantos. Se, no início do século XX, os guias turísticos do Rio de Janeiro ofereciam itinerários e passeios por ali, em 1982, quando o primeiro "guia verde" da América do Sul foi lançado pela Michelin, o volume da coleção mundialmente famosa dedicado à cidade e ao estado trazia apenas a praça Mauá, o Mosteiro de São Bento e a Fortaleza da Conceição como indicações distintivas daquela área. Para os turistas que visitavam a cidade, assim como para boa parte dos cariocas, a riqueza histórica e a vida cultural desses bairros e sua gente continuariam desconhecidas até que as atenções da cidade se voltassem para o chamado Porto Maravilha.

PORTO DE DEVOÇÕES

Há um traço em comum entre as igrejas que despontam na região portuária, quando observadas por quem entra na baía de Guanabara: elas têm as suas fachadas viradas para o mar. Centenárias, foram testemunhas de milagres e salvamentos extraordinários, representando um aviso aos que aqui chegavam sobre os riscos e as recompensas de uma cidade portuária em meio à natureza tropical.

A Igreja do Santo Cristo dos Milagres, a Capela de Nossa Senhora das Graças e o Oratório da Providência têm, no próprio nome, a marca dessa tradição. Lugares de devoção, promessas, encontros e celebrações, essas igrejas estão entre as mais antigas da cidade, e sua restauração tem mobilizado a comunidade católica e as instituições públicas, agora em parceria com o projeto Porto Maravilha.

A Igreja de São Francisco da Prainha, por exemplo, foi erguida pelo padre Francisco da Motta, em 1696, bombardeada para a expulsão dos franceses, em 1710, e reconstruída em 1738, quando ganhou linhas barrocas na fachada. Situada no largo de São Francisco, na Saúde, foi devolvida à população com uma grande festa, no dia 7 de julho de 2015, depois de mais de uma década fechada por motivos estruturais.

Igreja de São Francisco da Prainha, 2016
Foto Cesar Barreto

A Igreja de Nossa Senhora da Saúde, por sua vez, deu nome ao bairro e tem origem na capela erguida pelo comerciante português Manuel Negreiros, em 1742, para agradecer o salvamento da mulher. Localizada sobre um monte rochoso, em frente ao mar, ela marca com sua torre sineira a encosta do bairro hoje definido como Gamboa e também foi restaurada em época recente. Não muito longe dali, no antigo largo de Santa Rita, um dos locais de enterramento de escravos, encontra-se uma das mais belas e simbólicas igrejas da cidade, cuja padroeira é a santa das causas impossíveis.

PORTO DE CELEBRAÇÕES

O Projeto Mauá, evento já tradicional na região portuária, realiza-se na mesma época da comemoração do dia de Nossa Senhora da Conceição (8 de dezembro). Envolvendo artistas, moradores e instituições locais, ele abre à visitação os ateliês instalados no Morro da Conceição e promove a apresentação de grupos culturais, como a Orquestra de Pernas de Pau Gigantes pela própria Natureza, a Orquestra Batucadas Brasileiras, a Banda da Conceição, o Afoxé Filhos de Gandhi e o Bloco Escravos da Mauá, entre outros.

Nos anos 1970, a zona portuária entrou na mira de construtoras e imobiliárias interessadas em erguer edifícios-garagem em uma cidade cada vez mais tomada por viadutos e automóveis. A deterioração dos imóveis e a desvalorização dos terrenos, tão próximos do Centro, representavam um atrativo para esse tipo de empreendimento. Nos anos 1980, associações de moradores e outras entidades civis, com a participação de técnicos e pesquisadores de instituições municipais, estaduais e federais, começaram a se articular para mudar esse quadro. Os bairros da região portuária promoveram debates, sendo o primeiro deles no Centro Cultural José Bonifácio, em 1983, enquanto artigos, dissertações, teses e projetos eram lançados contemplando a preservação do patrimônio local e a melhoria da qualidade de vida de sua população. Muitas ideias não saíram do papel, e outras tiveram resultados apenas parciais, mas o processo de transformação da região portuária estava em curso.

Uma das iniciativas da época, desencadeada pela remoção de moradores e pela pressão imobiliária pela verticalização da área, resultou no projeto Sagas (sigla em referência aos bairros da Saúde, Gamboa e Santo Cristo), com uma intervenção mais efetiva da Prefeitura. Criado pelo Decreto nº 7.351, de 14 de fevereiro de 1988, o projeto tinha entre suas principais atribuições a manutenção das características consideradas importantes na ambiência e na identidade cultural da região; a preservação dos bens culturais que apresentassem características morfológicas típicas e recorrentes na área; o estabelecimento de critérios para novos gabaritos; a prévia aprovação para demolições e construções; e, finalmente, a criação de um escritório técnico para a fiscalização e o acompanhamento das intervenções.[9] O projeto Sagas inventariou o patrimônio arquitetônico dos três bairros, que passaram a integrar uma Área de Proteção do Ambiente Cultural (Apac), acreditando-se que essa proteção seria suficiente para a reversão do quadro de deterioração da região, fato que não se confirmou. Entre os anos 1980 e 2000, vários planos urbanísticos foram elaborados e algumas iniciativas começaram a tomar corpo, facilitadas pelo maior entrosamento político-administrativo, a partir de 2008, entre as esferas municipal, estadual e federal na cidade.

Casario antigo na região portuária, 2015

---

[9] Eliana Miranda Araújo da Silva Soares; Fernando Diniz Moreira, "Preservação do patrimônio cultural e reabilitação urbana: o caso da zona portuária da cidade do Rio de Janeiro", *Da Vinci*, Curitiba, v. 4, n. 1, 2007, p. 108.

Porto de polêmicas e de esquecimentos, poucos ainda se lembram da intensa mobilização gerada pela iniciativa de trazer para o Rio, em princípios dos anos 2000, uma unidade do Museu Guggenheim como alavanca para outros empreendimentos na região portuária. A decisão de construir o museu, com base em um estudo de viabilidade econômica duvidoso, encomendado pela Prefeitura, e um projeto arquitetônico controverso, assinado pelo francês Jean Nouvel, representava uma prioridade e um custo para os cofres da cidade inaceitáveis na visão dos críticos do projeto. As tratativas para a construção do Museu Guggenheim, já referido nos jornais como "Titanic Cultural" e objeto de uma ação popular na esfera judicial, acabaram abandonadas no contexto da transição político-partidária na administração do município, entre 2003 e 2004. O lugar destinado a abrigá-lo era o píer Mauá, onde tempos depois seria erguido o Museu do Amanhã.

Projeto de Jean Nouvel para o Museu Guggenheim, 2002

Em 2002, a cidade do Rio de Janeiro foi escolhida para ser a sede dos Jogos Pan-americanos de 2007; em 2006, o Brasil venceu a disputa para receber a Copa do Mundo de 2014, sendo o Rio uma das estrelas da festa e em 2009, a cidade foi novamente selecionada, dessa vez para promover os Jogos Olímpicos de 2016, considerados o maior evento do planeta. Em 2012, em meio a todas essas escolhas, internas e externas, sobre futuros investimentos da cidade, a Unesco reconheceu a paisagem cultural do Rio de Janeiro como Patrimônio da Humanidade. A conjuntura de obtenção e destinação dos recursos necessários ao atendimento dessas responsabilidades e a instauração de um novo modelo de intervenção urbana para viabilizar a transformação da região portuária, simultaneamente às obras olímpicas, deram origem ao chamado Porto Maravilha. O plano foi regulado pela Lei Municipal Complementar nº 101, de 23 de novembro de 2009, modificando o Plano Diretor da cidade e autorizando o Poder Executivo a instituir a Operação Urbana Consorciada Porto Maravilha. A Companhia de Desenvolvimento Urbano da Região do Porto do Rio de Janeiro (Cdurp) foi instituída como gestora dessa imensa intervenção, cabendo-lhe realizar a articulação entre a Prefeitura, os demais órgãos públicos e privados e a Concessionária Porto Novo, responsável pela execução das obras e serviços na Área de Especial Interesse Urbanístico (Aeiu) da Região do Porto do Rio.[10]

Para todos os cariocas, a palavra *maravilha* é carregada de sentidos. A aceitação do plano previsto para a região portuária com o uso de uma palavra recorrente, desde princípios do século XX, na positivação da imagem da cidade parece ter servido de inspiração para a escolha do nome Porto Maravilha. Por essa razão, alguns viram na ideia uma estratégia de legitimação antecipada de decisões possivelmente controversas, sujeitas a discordâncias e oposições. A expressão "operação urbana" também representa, de forma simbólica, uma ênfase na complexidade e na extensão dos efeitos pretendidos por essa intervenção. Os objetivos do Porto Maravilha envolvem a recuperação da infraestrutura urbana, dos transportes, do meio ambiente e do patrimônio histórico, artístico e cultural da região, de forma a gerar ali um adensamento demográfico de 100 mil habitantes, até o ano 2020. Além disso, sua execução foi concebida com base em parcerias público-privadas, contando necessariamente com a participação de investidores, proprietários, moradores e usuários para recuperar e valorizar uma área de aproximadamente 5 milhões de metros quadrados.

---

[10] Ver <http://portomaravilha.com.br/>.

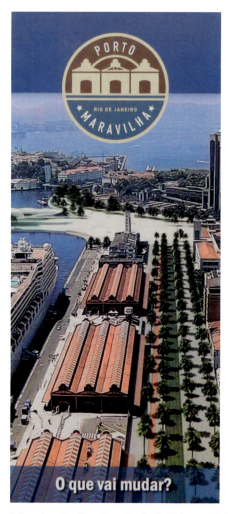

Folheto do projeto Porto Maravilha distribuído à comunidade

Essa operação consorciada está baseada na obtenção de recursos pelo município, a serem obrigatoriamente investidos na região, por meio da emissão de Certificados de Potencial Adicional Construtivo (Cepacs), uma modalidade de licenciamento para a construção de imóveis bem acima do gabarito até então permitido. A Lei nº 101 / 2009 destinou aproximadamente um quinto de toda a região (1,2 milhão de m²) para esse aumento do potencial construtivo, mas o seu impacto ainda não foi claramente percebido. Em todas as imagens projetadas para o futuro da região, os edifícios que virão são apresentados como blocos transparentes e, desse modo, apenas vislumbrados. No entanto, é evidente que, à medida que grandes torres de concreto espelhado se tornem realidade, toda a paisagem cultural daquela área será profundamente alterada. Argumenta-se que, sem as parcerias público-privadas estabelecidas pela Operação Consorciada e sua modelagem financeira, não haveria como promover as intervenções previstas pelo Porto Maravilha. Elas, de fato, já reverteram a imagem da região portuária nas páginas dos jornais e aos olhos dos cariocas, que descobrem agora uma parte de sua própria cidade, mas as transformações em curso não são compartilhadas por boa parte da população que vive na região.

A extensão das obras e a velocidade das mudanças promovidas pelo Porto Maravilha só são comparáveis àquelas vividas pelo centro do Rio de Janeiro em princípios do século XX. O registro da audiência pública realizada pela Prefeitura no ano de 2010 com os principais objetivos dessa operação urbana é um documento precioso na comparação entre o plano apresentado e sua efetiva execução nos anos seguintes. Previa-se, então, que o píer Mauá seria um espaço multiuso, com jardins, pérgulas e anfiteatro; a Pinacoteca do Rio ocuparia tão somente o Palacete Dom João VI; o Museu do Amanhã seria instalado nos armazéns 5 e 6 do cais do porto; a demolição do elevado da Perimetral ficaria restrita ao trecho entre a praça Mauá e a avenida Francisco Bicalho; e, finalmente, haveria a construção de um túnel sob a avenida Rodrigues Alves, inaugurado em 2016, com 3,9 km de extensão, como o maior da cidade.

A implosão do elevado da Perimetral, realizada no dia 24 de novembro de 2013, foi uma das decisões mais polêmicas e um dos acontecimentos mais emblemáticos de todas essas intervenções. Antes mesmo de acontecer, já dividia opiniões e, depois de ter desaparecido da cena portuária, entrou para o rol das demolições históricas na cidade, como o morro do Castelo e o Palácio Monroe, sobre as quais sempre haverá discordâncias irreconciliáveis.

Implosão do elevado da Perimetral, em 24 de novembro de 2013
Foto Fernando Rodrigues
Acervo Cdurp

O viaduto já ao chão, diante da baía e da ponte Rio-Niterói
Foto J. P. .Engelbrecht
Acervo Cdurp

Ossos, cerâmicas, louças europeias, conchas e ornamentos pessoais, além de cachimbos com rostos de figuras humanas e muitos outros achados, fazem parte do material coletado durante as obras do Porto Maravilha. A diversidade, a riqueza e a importância desse material para a história da cidade inspiraram o projeto de criação do Laboratório de Arqueologia Urbana (Laau) em um dos antigos galpões da região portuária, projeto ainda em estudos.
Fotos Mariana Aimée

Projetos previstos em 2010 ainda não foram iniciados ou concluídos e resultados não se confirmaram. A construção de unidades habitacionais em grande escala, com o número de moradores saltando de 20 mil para 100 mil, assim como a construção de garagens subterrâneas e a recuperação do edifício *A Noite*, na praça Mauá, sem contar melhorias que representem mais oportunidades de trabalho, acesso à escola pública, atendimento em postos de saúde e hospitais, segurança pública e o pleno exercício da cidadania cultural são expectativas que cercam as ações do Porto Maravilha, da mesma forma, aliás, como nas demais regiões do Rio. Desde o princípio, a população local foi e continua sendo chamada a opinar sobre tais iniciativas, mas a dinâmica desse processo e a rapidez das intervenções pressionam em sentido inverso. Mesmo porque as escolhas realmente fundamentais para o projeto de cidade que se quer e, nela, a região portuária, também passam por outros caminhos.

Vista aérea do Boulevard Luiz Paulo Conde,
sem o elevado da Perimetral, 2016
Foto João Luiz dos Anjos
Acervo Cdurp

Vista aérea da região portuária, ainda
com o elevado da Perimetral, 2013
Foto João Luiz dos Anjos
Acervo Cdurp

MUSEU DE ARTE DO RIO DE JANEIRO – MAR

O Museu de Arte do Rio (MAR), em conjunto com a Escola do Olhar, está abrigado em duas edificações bastante distintas que já existiam na praça Mauá: o Palacete Dom João VI, em estilo eclético, inaugurado em 1916 como sede da Inspetoria Federal de Portos, Rios e Canais, e o edifício em linhas modernas, dos anos 1940, onde funcionou o Terminal Rodoviário Mariano Procópio. A solução arquitetônica que deu origem ao museu interligou as edificações de forma criativa e funcional, incluindo uma cobertura em concreto armado, que simula a ondulação da água. Desde sua inauguração, em março de 2013, o MAR tem se destacado por uma nova

proposta museológica no panorama cultural da cidade e do país. O museu assumiu a missão de educar pela arte, buscando trazer à comunidade vizinha, aos estudantes e aos professores, assim como à população em geral, um entendimento maior da história do Rio de Janeiro e do fazer artístico na vida cotidiana de cada um. Trabalhando com "núcleos significativos", o museu vem desenvolvendo um programa de exposições, com releituras dos acervos da cidade e de sua própria coleção, ainda em construção. Nesse sentido, o MAR, que promove ainda uma série de atividades em parceria com instituições locais, como o Instituto de Pesquisa e Memória Pretos Novos, tem representado também o coração pulsante e estimulante de todo o projeto de transformação da região portuária.

OBSERVATÓRIO DO VALONGO

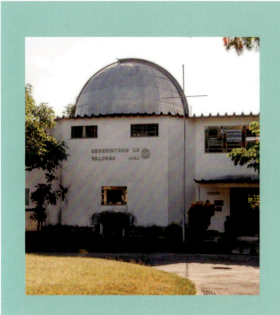

O Morro da Conceição, cercado pelo burburinho das áreas comerciais e culturais adjacentes, ainda conserva ruas calmas, com nomes poéticos, onde moradias e ateliês dividem o espaço com edificações e instituições tão desconhecidas dos cariocas quanto o antigo observatório astronômico da Escola Politécnica do Rio de Janeiro. O Observatório do Valongo integra o patrimônio da Universidade Federal do Rio de Janeiro (UFRJ) e sua história está ligada à transferência para o Morro da Conceição, na década de 1920, das instalações e dos instrumentos (cúpulas, telescópios, lunetas) do primitivo observatório da escola. Outra instituição técnico-científica instalada na região portuária cuja história merece ser conhecida é o Instituto Nacional de Tecnologia (INT).

DESSASSOSSEGOS

O artista Yuri Firmeza, na exposição *Turvações estratigráficas*, utilizou-se dos restos de obra deixados pela reforma das edificações que deram origem ao MAR, bem como do material das remoções no morro da Providência, para indagar: "quais existências, ali inteiramente soterradas, continuam a pedir voz e passagem naqueles detritos em desalinho? Quais as formas de vida ainda em revulsão, cujos ecos o silenciamento forçoso do progresso urbanístico não consegue evitar? Como deixar viver aquilo que repousa, em desassossego, sob nossos pés?". São questões que permanecem em aberto.

MUSEU DO AMANHÃ

Inaugurado em 2015, o mais novo museu da cidade se destaca no panorama do Porto Maravilha como uma metáfora do futuro, com uma arquitetura audaciosa assinada pelo espanhol Santiago Calatrava que atrai a curiosidade e provoca indagações. Como será o *amanhã* a que se dirige o museu? Em sua proposta conceitual, o espaço é destinado a provocar e buscar respostas às perguntas essenciais que nos fazemos, desde o início dos tempos: quem somos? De onde viemos? Onde estamos? Para onde vamos? Como queremos esse futuro que imaginamos?

Por meio de recursos tecnológicos sofisticados e atualizados em tempo real, os visitantes embarcam em um espaço que lembra o esqueleto de uma baleia ou um monstro pré-histórico, para buscar as respostas e para expressar o que gostariam de conquistar no futuro próximo ou distante, avaliando seu próprio rastro ou *pegada ecológica* em seus espaços e modelos de vida no presente. A perspectiva da praça Mauá e do entorno no qual se encaixa o Museu do Amanhã, com a visão panorâmica da baía de Guanabara e seu perfil de montanhas eternizado por artistas e viajantes, é um presente a mais para os visitantes da região portuária. Por reconhecer a importância histórica da região onde está situado, e seu papel como mobilizador social, o museu desenvolve um programa de relações comunitárias, buscando engajar a comunidade local em uma série de ações culturais e educativas, garantindo ainda o acesso gratuito à instituição.

A futura sede da Hemeroteca Brasileira prevista para a região portuária, segundo projeto de Héctor Vigliecca, 2014
Acervo Escritório Hector Vigliecca Arquitetos

O programa Porto Maravilha Cultural, um conjunto de ações estratégicas do projeto como um todo, destina-se à formação de parcerias com a própria comunidade, como na recuperação dos imóveis da região (casas, galpões, trapiches, fábricas etc.) e, ao mesmo tempo, sua transformação e seu fortalecimento como espaços de referência social e cultural. A Sociedade Dramática Particular Filhos de Talma, por exemplo, fundada na Saúde em 1879, foi uma das primeiras escolas de dramaturgia do país, e sua sede tornou-se ponto de encontro, local de bailes e outras comemorações da comunidade. O imóvel da rua do Procópio, fechado desde 2003 e interditado pela Defesa Civil em 2012, é uma das edificações selecionadas para ter sua restauração apoiada pelo Porto Maravilha Cultural. Outro exemplo é a construção de uma nova sede para a escola de samba Vizinha Faladeira, uma das primeiras do Rio, fundada pelo pessoal da estiva e por moradores da região. A agremiação começou a desfilar em 1933 e, quatro anos depois, tornou-se campeã. Em 1940, "devido às marmeladas" (segundo a então diretoria), abandonou os desfiles, só voltando ao Carnaval carioca em 1988, já na Sapucaí. A escola está, desde 2015, empenhada na construção de uma nova sede no bairro de Santo Cristo, também com o apoio do Porto Maravilha Cultural.

As organizações e instituições da região portuária chamadas a participar do programa, além de receberem um considerável aporte de recursos para as suas necessidades e projetos, também conferem maior aceitação e visibilidade para o Porto Maravilha através do "compartilhamento com o Estado da responsabilidade de criar espaços educativos e investir em programas sociais que possam garantir a melhoria das condições de vida da população local".[11] Toda essa região é hoje, mais do que qualquer outra área da cidade, um polo de experiências culturais, como são exemplos as organizações e espaços culturais listados ao final deste livro.

A região portuária do Rio, por tantos anos menosprezada, ganha uma cara nova, e o centro da cidade recupera sua frente para o mar. Os projetos e as mudanças já efetuadas são temas de notícias de jornal e de folhetos e anúncios de empresas que apostam em fazer ali a nova vitrine da cidade. A requalificação de 1 milhão de m² de infraestrutura urbana, a recuperação do patrimônio histórico e arquitetônico, a abertura do Museu de Arte do Rio e do Museu do Amanhã, a remodelação da praça Mauá, a instalação do Boulevard Olímpico, a abertura da Orla Conde e o início das operações do VLT (veículo leve sobre trilhos) deram imensa visibilidade à transformação dessa faixa litorânea, convidando as pessoas a conhecerem seus novos espaços culturais e gastronômicos. Em 2015, foi criado o Distrito Criativo do Porto por empresas que se instalaram na região, com o apoio da Companhia de Desenvolvimento Urbano da Região do Porto do Rio de Janeiro (Cdurp), prevendo novas parcerias que também beneficiem os moradores, como a ampliação da rede de *wi-fi* pública, já instalada em

---

[11] Mariana Peixoto de Toledo, *Participação de instituições locais em projetos de revitalização urbana: o caso do projeto Porto Maravilha na cidade do Rio de Janeiro*, dissertação de mestrado, Rio de Janeiro, Fundação Getúlio Vargas (FGV), Escola Brasileira de Administração Pública e de Empresas, 2012, p. 102.

uma área de aproximadamente 1.000 m², capaz de transformar essa parte da cidade em um exemplo de bairro digitalizado.

Porto de indagações, a fragilidade do equilíbrio entre as formas de convivência que conferiram uma identidade própria aos bairros portuários, a transfiguração de toda essa área com as mudanças em curso e as imensas desigualdades que continuam tão evidentes no direito à cidade temperam com uma boa dose de incertezas o que sabemos desses dois mares, "um que dizemos passado, outro que dizemos futuro".[12]

A Tia Lúcia e o arquiteto Alfredo Brito (falecido em 2015), em depoimentos sobre a região portuária, no documentário O Porto do Rio

O PORTO DO RIO (2015)
Documentário de Pedro Évora e Luciana Bezerra que narra a transformação urbana representada pelas obras do Porto Maravilha. O filme traz entrevistas com moradores e trabalhadores da região portuária, além de arquitetos, pesquisadores e empresários. O roteiro tem como fio condutor a história do porto escravista, a ocupação da região e as diversas perspectivas desses atores sociais sobre as intervenções urbanísticas ali realizadas.

A PEDRA QUE SAMBA (2015)
Dirigido por Camila Agustini e Roman Lechapelier, cineastas formados pela EICTV, em Cuba, o filme faz um passeio pelo Circuito da Herança Africana na região portuária do Rio de Janeiro, focalizando a roda de samba da Pedra do Sal, onde a voz de uma escrava evoca o passado. Foi exibido na mostra Rio 450 do Festival do Rio.

MEMÓRIAS DO CAIS DO VALONGO (2015)
O filme apresenta entrevistas com seis autores do livro Memórias do cais do Valongo, sob direção do cineasta Antônio Carlos Muricy, codireção de Carlo Alexandre Teixeira e participação especial de Délcio Teobaldo. Enfatiza a memória e a história passada na região portuária que ficou conhecida no século XIX com o nome "Pequena África", termo cunhado, segundo consta, pelo sambista e pintor Heitor dos Prazeres.

---

[12] José Saramago, "Palavras para uma cidade", 15 de setembro de 2008, in O caderno; textos escritos para o blog; setembro de 2008 - março de 2009, São Paulo: Companhia das Letras, 2009.

Trabalho do fotógrafo francês JR na região portuária, durante os Jogos Olímpicos, 2016.

O FUTURO A QUEM PERTENCE?

"DURMO NO QUARTO DELE." A frase, publicada no jornal *O Dia*, em 20 de fevereiro de 2013, bem poderia resumir a superposição de fantasias e adversidades, tempos e memórias na região portuária do Rio de Janeiro, um microcosmo dos dilemas e das aspirações da cidade ao longo de sua história:

> "Moradora da casa de Machado de Assis desde 1970, a catadora de latinhas Neuza Rodrigues de Paula criou três filhos no imóvel que, de tão mal conservado, é insalubre. Entre histórias e lembranças, ela nutre o mito de que dorme no quarto onde o escritor ficava na infância. 'Era aqui que ele passava a maior parte do tempo. Eu li dois livros dele que encontrei quando invadi, mas não me pergunta o nome, porque eu não sei', diz ela no espaço onde amontoa panelas, roupas e objetos de casa".[1]

A proposta de tombamento, como patrimônio cultural da cidade, do imóvel onde teria vivido o escritor foi lançada na Câmara de Vereadores do Rio no mesmo dia da publicação da matéria. Iniciativa louvável, considerando-se a súbita notoriedade conferida à edificação pela passagem desse ilustre morador em sua infância pobre na região (há incertezas quanto à casa). A pobreza da catadora de lixo, no entanto, vivendo com três filhos em condições tão precárias, tinha tudo para ser ainda mais perturbadora e urgente do que o estado de abandono do imóvel. O futuro, nesse caso, também deveria iluminar as ações de proteção e as prioridades do presente.

A moradora e sua família, como muitos leitores do escritor, talvez não saibam que Machado foi funcionário de carreira e chegou a chefe de gabinete de um ministério encarregado justamente de realizar as obras públicas no Brasil. Carreira que desempenhou com grande seriedade e afinco, paralelamente às atividades de romancista e cronista que lhe concederam um lugar de honra no olimpo da cultura brasileira. É por essa razão que os dois universos muitas vezes se comunicam e se enriquecem na obra do escritor.

A existência de um resto de ponte na praia da Glória, obra inacabada dos tempos do Império e já em estado de abando nos primórdios da República, foi vista por Machado como uma metáfora das "ruínas morais" do país:

> "O tempo trouxe algumas injúrias à obra, mas a ponte subsiste com os seus danos, à espera que os anos, mais vagarosos para as obras dos homens do que para os mesmos homens, consuma esse produto da engenharia hidráulica."

Casa onde teria vivido Machado de Assis, morro do Livramento, 2013
Foto Paulo Alvadia
Agência O Dia

---

[1] O Dia, "Casa de Machado de Assis vira cortiço", 20 de fevereiro de 2013.

Testemunho de um plano àquela altura já esquecido de aterrar uma parte da baía de Guanabara, a ponte permanecia na entrada da cidade de Machado à espera de que alguma ventania em dia de São Bartolomeu a levasse embora para sempre. Ele conhecia de perto os sucessivos investimentos realizados nas margens da baía para o atendimento das necessidades funcionais e estéticas de um porto, assim como a falta de "solução de continuidade" (a expressão é dele) entre um governo e outro na concretização das obras públicas. Mazelas conhecidas não apenas na cidade de sua infância e no morro do Livramento, mas no Brasil como um todo. Quando discorria sobre a ideia de se aterrar a baía, parcial ou totalmente, o escritor expunha, com sua habitual ironia, toda a lógica de transformação do cenário natural da cidade portuária em um lugar de negócios:

> "(...) Não se pense que sou oposto a qualquer ideia de aterrar parte da nossa baía. Sou de opinião que temos baía de mais. O nosso comércio marítimo é vasto e numeroso, mas este porto comporta mil vezes mais navios do que os que entram aqui, carregam e descarregam, e para que há de ficar inútil uma parte do mar? Calculemos que se aterrava metade dele; era o mesmo que alargar a cidade."

O impaciente observador da velha ponte também sabia que as cidades, afinal, demandavam sempre mais e mais espaço, com mais e mais "melhoramentos". Por isso mesmo, "era bom ir pensando no futuro". Para fazer emergir a lógica de intervenção na natureza a todo custo, Machado aparentava contrariar a opinião corrente, expondo a irracionalidade e o fetichismo dessa desenfreada intervenção:

> "Não sei por que razão, uma vez começado o aterro do porto em frente à Glória, não iríamos ao resto e não o aterraríamos inteiramente. Nada de abanar a cabeça; leiam primeiro. Não está provado que os portos sejam indispensáveis às cidades. Ao contrário, há e teria havido grandes, fortes e prósperas cidades sem portos. O porto é um acidente. (...) Se tendes imaginação, fechai os olhos e contemplai toda essa imensa baía aterrada e edificada. (...) Que metrópole! Que monumentos! Que avenidas!".[2]

O encolhimento da *guanabara* de antes explica boa parte dos problemas ambientais da Guanabara de hoje, assim como as obras públicas desnecessárias ou inacabadas do passado também explicam a permanência de prioridades sempre adiadas. O Rio de Janeiro, com tantos projetos em curso na região portuária, vive agora o entusiasmo pelas novas formas de ocupação desse espaço e, ao mesmo tempo, o receio de que velhos problemas e antigas prioridades possam, mais uma vez, ficar esquecidos. Especulação e gentrificação são as preocupações da hora, mas os anseios por saúde, educação e saneamento de qualidade, só para bater na velha tecla, continuam à espera de melhores dias.

Um conjunto significativo de depoimentos de moradores da região portuária foi reunido no livro *Vozes do porto: memória e história oral*, publicado há pouco mais de uma década e analisado por pesquisadores de diferentes disciplinas, em relação a temas como trabalho, habitação, sociabilidade, pobreza, memória e pertencimento, entre outros. Conjugando as "aspirações enrugadas" das gerações mais velhas com o "patrimônio de sonhos" herdado pelos mais jovens, um dos estudos aponta o papel das escolas nesse contexto:

---

[2] Machado de Assis, "A semana", Gazeta de Notícias, 28 de agosto de 1894, in Carlos Drummond de Andrade; Manuel Bandeira (org.), *Rio de Janeiro em prosa e verso*, Rio de Janeiro: José Olympio, 1965, p. 410-411.

Painel do artista Kobra, que entrou para livros dos recordes, Boulevard Olímpico, 2016
Foto Roberto Moreyra
Agência O Globo

"Se a escola é, como afirma Bernadete da Vila [professora na região portuária], um traço de união entre as pessoas do bairro, ajudando a formar uma identidade coletiva, foi conscientizando-se disso que as escolas da área portuária vêm, há alguns anos, promovendo o espaço para o debate sobre os bairros, nas salas de aula, nas reuniões pedagógicas, nas relações diretas com a comunidade, em seu cotidiano, partilhando essas preocupações e buscando construir as bases de uma educação crítica que possibilite a inserção dos jovens e de toda a comunidade nessa discussão".[3]

O "futuro que se sonha" é também alvo de um projeto educacional, concebido na última década, que conta com uma unidade instalada na região portuária (o Colégio Estadual Jornalista Maurício Azedo). O Programa Dupla Escola, criado pela Secretaria de Educação do Estado do Rio de Janeiro e Secretaria de Desenvolvimento Econômico, em 2009, é um projeto de formação profissional e inclusão social que inaugura, no âmbito da educação, o Programa Estadual de Parcerias Público-privadas (2007). "O Programa Dupla Escola tem como objetivo transformar a unidade escolar convencional em um espaço de oportunidade para o aluno, onde ele entenda que o investimento nos estudos é importante para o seu futuro".[4] Com essa aposta, o programa visa a promover a capacitação dos alunos a partir de demandas específicas do mercado de trabalho, em diversas

---

[3] Liana Ocampo; Odalice Miranda Priosti; Ângela Maria Cunha Telles, "Escolas públicas nos bairros portuários cariocas: espaços de construção da identidade e inclusão social", in Icléa Thiesen et al. (org.). *Vozes do porto: memória e história oral*, Rio de Janeiro: Unirio; DP&A, 2005, p. 155.

[4] Seeduc. Programa Dupla Escola. Disponível em <http://www.rj.gov.br/web/seeduc/exibeconteudo?article-id=1149929>.

Meninos olham para transatlântico na região portuária do Rio, 2016
Foto Bruno Kaiuca

áreas, recebendo para isso o apoio financeiro das empresas. Como quase tudo em matéria de educação, os princípios norteadores do programa e os seus objetivos pragmáticos não são consensuais, mas a experiência acumulada até agora tem recebido o entusiasmo de alunos, pais, professores e empresas. Na unidade instalada no Caju, a Dupla Escola está voltada em grande parte para as atividades portuárias, buscando criar para os seus mais de duzentos alunos, a maioria moradores locais, uma conexão direta entre o ensino médio e o mercado de trabalho. O Colégio Estadual Jornalista Maurício Azedo também tem procurado afirmar o sentido de pertencimento ao lugar, resgatando os sentidos históricos e culturais da região e apostando em seu potencial econômico com as transformações sociais decorrentes de todo esse novo contexto.

Porto de interrogações, mas também de histórias e de sonhos, uma das singularidades do lugar é a justaposição entre o passado, o presente e o futuro, da cidade e dos seus. O Museu do Amanhã, instituição que carrega em seu próprio nome as perspectivas sobre esse horizonte de expectativas individuais e coletivas, trouxe-nos este belo relato:

"O físico dinamarquês Niels Bohr (1885-1962) costumava dizer que fazer previsões para o futuro é algo muitíssimo arriscado e que as únicas certezas que temos são os imprevistos. Embora evitem traçar planos mirabolantes, moradores da região portuária não se furtaram a manifestar como veem seus bairros daqui a cinquenta anos. Num exercício de imaginação, temperado com boa dose

Paisagem, de Lucia Laguna, em tinta acrílica e óleo sobre tela 2016 (100 x 280 cm). Foto Mário Grisolli. Galeria Fortes Vilaça

de otimismo, eles esperam dias mais solidários, com maior oferta de saúde, transporte, lazer, educação e emprego. Querem se manter no porto, a despeito da valorização dos imóveis — já que aqui estão suas raízes. Sabem que o futuro está sendo construído. Por cada morador. Hoje, agora. Nas palavras de tia Lúcia, moradora do morro do Pinto, uma cidade melhor não será erguida apenas com ações de governos: 'Nenhum governo, nenhum prefeito, ninguém vai ser capaz de fazer tudo sozinho. Nosso futuro depende de luta, muito sofrimento, muita dor. Quero voltar a sentir o cheiro de perfume que a cidade exalava quando eu tinha sete anos' ".[5]

Todas as cidades, como espaços privilegiados da convivência humana, trazem em si a possibilidade de construção de diversas formas de existência. Os questionamentos sobre o presente e o futuro da região portuária do Rio de Janeiro, assim como a capacidade de sonhar com os cheiros, as cores e os sons de sua história e de sua gente fazem parte dessa construção.

[5] Museu do Amanhã. Disponível em <http://www.museudoamanha.org.br/portodorio/?share=timeline-porto/1/a-fe-em-restauracao>.

PORTO DO RIO DE JANEIRO: UMA BIBLIOGRAFIA
ARTIGOS, DISSERTAÇÕES, TESES, CATÁLOGOS E LIVROS (1983-2016)

ABREU, Martha; GURAN, Milton; MATTOS, Hebe (org.). *Inventário dos lugares de memória do tráfico atlântico de escravos e da história dos africanos escravizados no Brasil*. Niterói: Universidade Federal Fluminense, Programa de Pós-Graduação em História, 2014. Disponível em <http://www.labhoi.uff.br/node/1507>.

ALBUQUERQUE, Marli Brito Moreira de. *Trabalho e conflito no porto do Rio de Janeiro (1904-1920)*. Dissertação de mestrado. Instituto de Filosofia e Ciências Sociais da Universidade Federal do Rio de Janeiro (IFCS / UFRJ). Rio de Janeiro, 1983.

___. "Porto do *Rio de Janeiro*: estigma e história", Rio de Janeiro, Niterói, vol. 1 n. 1, 1985, p. 87-93.

ALMEIDA, Luiz Gustavo Nascimento. *Estivadores do Rio de Janeiro: um século de presença na história do movimento operário brasileiro*. Rio de Janeiro: Topbooks, 2003.

ANDREATTA, Verena (org.). *Porto Maravilha; Rio de Janeiro + 6 casos de revitalização portuária*. Rio de Janeiro: Casa da Palavra, 2010.

ARANTES, Érika Bastos. *O porto negro: cultura e trabalho no Rio de Janeiro dos primeiros anos do século XX*. Dissertação de mestrado, Unicamp, Campinas, 2005. Disponível em <http://www.bibliotecadigital.unicamp.br/document/?code=vtls000343821>.

ARNAUT, Jurema Kopke, "Morro da Conceição, Rio: uma proposta de preservação sem tombamento", *Revista do Patrimônio Histórico e Artístico Nacional*, n. 19, 1984, p. 97-11. Disponível em <http://portal.iphan.gov.br/publicacoes/lista?categoria=23&busca=&pagina=2>.

ARRAES, Jorge; SILVA, Alberto. "Porto Maravilha: permanências e mudanças", in SHLUGER, Ephim e DANOWSKI, Miriam. *Cidades em transformação*. Rio de Janeiro: Edições de Janeiro, 2014. Disponível em: <http://portomaravilha.com.br/artigosdetalhes/cod/15>.

BARBOSA, Antônio Agenor; OSSOWICKI, Tomas Martin "Revitalização do porto, Iphan e políticas culturais no morro da Conceição", *Minha Cidade*, ano 9, n. 108/02, 2009. Disponível em <http://www.vitruvius.com.br/revistas/read/minhacidade/09.108/1842>.

BARROS, Maria Teresa Guilhon. "Imaginários urbanos e a região portuária do Rio de Janeiro; um olhar sobre os processos anteriores à reforma de 2010", *Mosaico*, Rio de Janeiro, ano 5, n. 8, set. 2014. Disponível em <http://cpdoc.fgv.br/mosaico/>.

CARDOSO, Elizabeth et al. *História dos bairros: Saúde, Gamboa, Santo Cristo*. Rio de Janeiro: Índex; João Fortes Engenharia, 1987.

CARLOS, Claudio Antonio S. Lima. Um olhar crítico à zona portuária do Rio de Janeiro. *Bitácora Urbano - Territorial*, Bogotá, v. 2, n. 17, 2010, p. 23-54. Disponível em http://www.revistas.unal.edu.co/index.php/bitacora/issue/view/Julio-Diciembre%202010/showToc

CARVALHO, Thais Scoralich. *Preservação do patrimônio histórico urbano e reabilitação: um estudo na região portuária do Rio de Janeiro*. Dissertação de mestrado, Escola Politécnica, UFRJ, Rio de Janeiro, 2016.

CEZAR, Paulo Bastos; CASTRO, Ana Rosa Viveiros de. *A praça Mauá na memória do Rio de Janeiro*. Rio de Janeiro: Ex-Libris; João Fortes Engenharia, 1989.

CRUZ, Maria Cecília Velasco e. "Puzzling out slave origins in Rio de Janeiro's port unionism: the strike of 1906 and the Sociedade de Resistência dos Trabalhadores em Trapiche e Café", *The Hispanic American Historical Review*, vol. 82, n. 2, 2006, p. 205-245.

___. "Cor, etnicidade e formação de classe no porto do Rio de Janeiro: a Sociedade de Resistência dos Trabalhadores em Trapiche e Café e o conflito de 1908", *Revista da USP*, São Paulo, n. 68, 2005, p. 188-209.

___. Tradições negras na formação de um sindicato: Sociedade de Resistência dos Trabalhadores em Trapiche e Café (Rio de Janeiro, 1905-1930). *Revista Afro-Ásia*, Salvador, n. 24, 2000, p. 243-290. Disponível em http://www.afroasia.ufba.br/

___. "O porto do Rio de Janeiro no século XIX; uma realidade de muitas faces", *Tempo*, Rio de Janeiro, vol. 4, n. 8, dez. 1999, p.123-147.

___. *Virando o jogo: estivadores e carregadores no Rio de Janeiro da Primeira República*. Tese de doutorado, USP, São Paulo, 1998.

DINIZ, Clarissa; CARDOSO, Rafael (org.). *Do Valongo à favela: imaginário e periferia*. Rio de Janeiro: Instituto Odeon, 2015. Catálogo da exposição realizada no Museu de Arte do Rio de Janeiro em 2014.

DINIZ, Nelson. *Porto Maravilha; antecedentes e perspectivas da revitalização da região portuária do Rio de Janeiro*. Rio de Janeiro: Letra Capital, 2014.

FIGUEIREDO, Claudio; LENZI, Maria Isabel; SANTOS, Nubia Melhem. *O porto e a cidade: o Rio de Janeiro entre 1565 e 1910*. Rio de Janeiro: Casa da Palavra, 2005.

GIANNELLA, Letícia de Carvalho. "A produção histórica do espaço portuário da cidade do Rio de Janeiro e o projeto Porto Maravilha", *Espaço e Economia* [online], n. 3, 2013. Disponível em <http://espacoeconomia.revues org/445>.

GOULART FILHO, Alcides. "Melhoramentos, reaparelhamentos e modernização dos portos brasileiros: a longa e constante espera". *Economia e sociedade*, Campinas, vol. 16, n. 3, dez. 2007, p. 455-489.

GUIMARÃES, Roberta Sampaio. "Urban interventions, memories and conflicts: black heritage and the revitalization of Rio de Janeiro's Port Zone", *Vibrant*, Virtual Braz. Anthr. [online], vol. 10, n. 1, 2013, p. 208-227. Disponível em <http://www.scielo.br/scielo.php?script=sci_arttext&pid=S1809-43412013000100011&lng=en&nrm=iso>.

_____. *A utopia da Pequena África; projetos urbanísticos, patrimônios e conflitos na Zona Portuária carioca*. Rio de Janeiro: Fundação Getúlio Vargas, 2014.

HONORATO, Claudio de Paula. *Valongo: o mercado de escravos do Rio de Janeiro, 1758 a 1831*. Dissertação de mestrado, Instituto de Ciências Humanas e Filosofia, Departamento de História, UFF, Niterói, 2008.

_____. "O mercado do Valongo e o comércio de escravos africanos - Rio de Janeiro (1758-1831)", in SOARES, Mariza de Carvalho; BEZERRA, Nielson Rosa (org.). *Escravidão africana no Recôncavo da Guanabara*. Niterói: Editora da UFF, 2011.

HONORATO, Cezar Teixeira. "Porto do Rio de Janeiro: entre o passado e o futuro", in: SANTOS, Flávio Gonçalves (org.). *Portos e cidades: movimento portuário, Atlântico e diáspora africana*. Ilhéus: Editus, 2011, p. 123-143.

HONORATO, Cezar Teixeira; MANTUANO, Thiago Vinícius. "O que era o trapiche? O porto e a cidade do Rio de Janeiro no século XIX", *Acervo*, Rio de Janeiro, vol. 28, n. 1, jan./jun. 2015, p. 144-158.

INSTITUTO DO PATRIMÔNIO HISTÓRICO E ARTÍSTICO NACIONAL. *Sítio arqueológico Cais do Valongo; proposta de inscrição na lista do Patrimônio Mundial*. Brasília: Instituto do Patrimônio Histórico e Artístico Nacional; Rio de Janeiro: Prefeitura da Cidade do Rio de Janeiro, 2016.

LARANJA, Cristina. "A arte de provocar ruínas: especulações na zona portuária", *Global / Brasil*, n. 14, 2011. Disponível em <http://www.revistaglobalbrasil.com.br/?p=697>.

LAMARÃO, Sérgio. *Dos trapiches ao porto: um estudo sobre a área portuária do Rio de Janeiro*. 2 ed. Rio de Janeiro: Prefeitura da Cidade do Rio de Janeiro, Secretaria Municipal das Culturas, 2006.

LIMA, Evelyn Furkin Werneck. "Cultura e habitação: revitalizando a área portuária do Rio de Janeiro", *Arquitextos*, São Paulo, ano 2, n. 019.07, Vitruvius, dez. 2001. Disponível em <http://vitruvius.com.br/revistas/read/arquitextos/02.019/825>.

LIMA, Tânia Andrade. "Arqueologia como ação sociopolítica: o caso do cais do Valongo, Rio de Janeiro, século XIX". *Vestígios, Revista Latino-americana de Arqueologia Histórica*, Belo Horizonte, vol. 7, n. 1, jan-jul. 2013, p. 177-207.

LLOVERA, Joan Alemany. "Por um desenvolvimento sustentável da cidade portuária", in SILVA, Gerardo; COCCO, Giuseppe (org.). *Cidades e portos: os espaços da globalização*. Rio de Janeiro: Lamparina, 1999.

LOBO, Maria da Silveira. "Porto Maravilha; o EIV do professor Pancrácio", Minha Cidade, São Paulo, ano 11, n. 129.03, *Vitruvius*, abr. 2011. Disponível em <http://www.vitruvius.com.br/revistas/read/minhacidade/11.129/3842>.

MELLO, Fernando Fernandes de. *A Zona Portuária do Rio de Janeiro: antecedentes e perspectivas*. Dissertação de mestrado, Programa de Pós-graduação em Planejamento Urbano e Regional, Instituto de Pesquisa e Planejamento Urbano e Regional, UFRJ, Rio de Janeiro, 2003.

MELLO, Maria Teresa Villela Bandeira. "O álbum das obras do porto do Rio de Janeiro: uma narrativa visual", *Acervo*, Rio de Janeiro, vol. 28, n. 1, jan./jul. 2015, p. 266-277.

MOREIRA, Clarissa da Costa. *A cidade contemporânea entre a tabula rasa e a preservação: cenários para o Porto do Rio*. São Paulo: Editora Unesp, 2004.

MOURA, Roberto. *Tia Ciata e a Pequena África no Rio de Janeiro*. 2 ed. Rio de Janeiro: Secretaria Municipal de Cultura, 1995.

NASCIMENTO, Álvaro Pereira. "Vozes dos portos: conexões e sentimentos dos marinheiros da Revolta da Chibata", in *Portos e cidades: movimento portuário, Atlântico e diáspora africana*. Ilhéus: Editus, 2011, p.197-215.

PEREIRA, Júlio Cesar Medeiros. *À flor da terra: o cemitério de pretos novos no Rio de Janeiro*. Rio de Janeiro: Garamond; Iphan, 2007.

PINHEIRO, Augusto Ivan de Freitas; RABHA, Nina Maria de Carvalho Elias. *Porto do Rio de Janeiro: construindo a modernidade*. Rio de Janeiro: Andrea Jakobsson, 2004.

PINHEIRO, Eliane Canedo de Freitas. *Baía de Guanabara; biografia de uma paisagem*. Rio de Janeiro: Andrea Jakobsson, 2005.

RABHA, Nina Maria de Carvalho Elias. *Cristalização e resistência no centro do Rio de Janeiro*. Dissertação de mestrado, Instituto de Geociências, UFRJ, Rio de Janeiro, 1984.

REBELO, Fernanda; MAIO, Marcos Chor; HOCHMAN, Gilberto. "O princípio do fim: o 'torna-viagem', a imigração e a saúde pública no Porto do Rio de Janeiro em tempos de cólera" *Estudos históricos*, Rio de Janeiro, vol. 24, n. 47, p. 69-87, 2011. Disponível em <http://www.scielo.br/scielo.php?script=sci_arttext&pid=S0103-21862011000100004&lng=en&nrm=iso>.

SANTOS, Fernando Dumas. "Práticas e saberes sobre cura na comunidade portuária do Rio de Janeiro no século XX", in: SANTOS, Flávio Gonçalves (org.). *Portos e cidades: movimento portuário, Atlântico e diáspora africana*. Ilhéus: Editus, 2011, p. 98-116.

SIGAUD, Marcia Frota; PINHO, Claudia Maria. *Morro da Conceição: da memória o futuro*. Rio de Janeiro: Sextante, 2000.

SILVA, Alberto. Porto Maravilha, cidadania e cultura. *Revista Porto Maravilha*, n. 4, abril 2011. Disponível em http://portomaravilha.com.br/artigosdetalhes/cod/19.

SOARES, Carlos Eugênio Libano. *Porto de memórias: Pequena África*. Rio de Janeiro: Cultural Biz, 2014.

SOARES, Eliana Miranda Araújo da Silva e MOREIRA, Fernando Diniz. "Preservação do patrimônio cultural e reabilitação urbana: o caso da zona portuária da cidade do Rio de Janeiro". *Da Vinci*, Curitiba, vol. 4, n. 1, 2007, p. 101-120.

SOUZA, Thiago Costa de. *Pelos arrabaldes da urbe carioca: a dinâmica urbana da região do Valongo (1799-1821)*. Dissertação de mestrado, Programa de Pós-graduação em História Social, UFRJ, Rio de Janeiro, 2008.

TAVARES, Reinaldo. *Cemitério dos Pretos Novos, Rio de Janeiro, século XIX: uma tentativa de delimitação espacial*. Dissertação de mestrado, Programa de Pós-graduação em Arqueologia, Museu Nacional, UFRJ, Rio de Janeiro, 2012.

TEIXEIRA, Carlo Alexandre (org.); TEOBALDO, Délcio (ed.). *Roda dos saberes do cais do Valongo*. Niterói, RJ: Kabula Artes e Projetos, 2015. Disponível em <https://kabulartes.wordpress.com/2015/01/01/rodadossaberes/>.

THIESEN, Icléa et al. (org). *Vozes do porto: memória e história oral*. Rio de Janeiro: Unirio; DP&A, 2005.

TOLEDO, Mariana Peixoto de. *Participação de instituições locais em projetos de revitalização urbana: o caso do projeto Porto Maravilha na cidade do Rio de Janeiro*. Dissertação de mestrado, Escola Brasileira de Administração Pública e de Empresas, FGV, Rio de Janeiro, 2012.

TURAZZI, Maria Inez (org.). *Um porto para o Rio*. Rio de Janeiro: Casa da Palavra, 2012. Prefácio de Paulo Knauss. Textos de Maria Teresa Villela Bandeira de Mello e Maria Inez Turazzi.

VALADÃO, Regina. *Tradição e criação, memória e patrimônio: a revitalização da Zona Portuária do Rio de Janeiro*. Dissertação de mestrado, Unirio, Rio de Janeiro, 2012.

WERNECK, Mariana da Gama e Silva. *Porto Maravilha: agentes, coalizões de poder e neoliberalização*. Dissertação de mestrado, Programa de Pós-graduação em Planejamento Urbano e Regional, Instituto de Pesquisa e Planejamento Urbano e Regional, UFRJ, Rio de Janeiro, 2016.

ZILBERBERG, Sonia. *Morro da Conceição: padres, soldados, operários*. Rio de Janeiro: Prefeitura da Cidade do Rio de Janeiro, Secretaria Municipal de Cultura, Departamento Geral de Patrimônio Cultural, 1996.

> Outros artigos, estudos técnicos, dissertações e teses sobre o Porto Maravilha podem ser encontrados no site da Companhia de Desenvolvimento Urbano da Região do Porto do Rio de Janeiro (Cdurp), em www.portomaravilha.com.br/

REGIÃO PORTUÁRIA

INSTITUIÇÕES, ORGANIZAÇÕES E ESPAÇOS CULTURAIS

- AÇÃO DA CIDADANIA
- AGREMIAÇÃO RECREATIVA ESCOLA DE SAMBA VIZINHA FALADEIRA
- AQUA RIO – AQUÁRIO MARINHO DO RIO
- ARMAZÉM CULTURAL DAS ARTES DE TÉCNICOS EM ESPETÁCULOS DIVERSOS
- ARMAZÉM DA UTOPIA
- ARQUIVO DA MARINHA
- ASSOCIAÇÃO CULTURAL E RECREATIVA FILHOS DE GANDHI
- ASSOCIAÇÃO DA COMUNIDADE REMANESCENTE DO QUILOMBO PEDRA DO SAL
- ATELIER AZULEJARIA
- BIBLIOTECA DA MARINHA
- CASA FRANÇA-BRASIL
- CASA PORTO
- CEMITÉRIO DOS INGLESES
- CENTRO CULTURAL LIGHT
- CENTRO CULTURAL MUNICIPAL JOSÉ BONIFÁCIO
- CIDADE DO SAMBA
- COLÉGIO PEDRO II
- COMPANHIA BRASILEIRA DE MYSTÉRIOS E NOVIDADES
- COMPANHIA DOCAS DO RIO DE JANEIRO
- ESCRAVOS DA MAUÁ
- ESPAÇO CULTURAL DA MARINHA
- ESPAÇO MEU PORTO MARAVILHA
- FÁBRICA BHERING
- HOSPITAL NOSSA SENHORA DA SAÚDE (ou simplesmente Hospital da Gamboa)
- IGREJA DE NOSSA SENHORA DA CONCEIÇÃO
- IGREJA DE NOSSA SENHORA DA PENHA (morro da Providência)
- IGREJA DE NOSSA SENHORA DA SAÚDE (rua Silvino Montenegro)
- IGREJA DE NOSSA SENHORA DAS GRAÇAS (Hospital da Gamboa)
- IGREJA DE NOSSA SENHORA DE MONTSERRAT (morro do Pinto)
- IGREJA DE NOSSA SENHORA DE MONTSERRAT (Mosteiro de São Bento)
- IGREJA DE NOSSA SENHORA DO LIVRAMENTO (ladeira do Barroso)
- IGREJA DE SANTA RITA (largo de Santa Rita)
- IGREJA DE SANTO CRISTO DOS MILAGRES (largo de Santo Cristo)
- IGREJA DE SÃO FRANCISCO DA PRAINHA (largo da Prainha)
- IGREJA DE NOSSA SENHORA DO PERPÉTUO SOCORRO (Hospital dos Servidores)
- ILHA FISCAL
- INCUBADORA AFRO-BRASILEIRA
- INSTITUTO DE PESQUISA E MEMÓRIA PRETOS NOVOS

INSTITUTO DO PATRIMÔNIO HISTÓRICO E ARTÍSTICO NACIONAL – 6ª SR / RJ

INSTITUTO FAVELARTE

INSTITUTO NACIONAL DE PROPRIEDADE INDUSTRIAL

INSTITUTO NACIONAL DE TECNOLOGIA

MOINHO FLUMINENSE

MOSTEIRO DE SÃO BENTO

MUSEU CARTOGRÁFICO DO SERVIÇO GEOGRÁFICO DO EXÉRCITO

MUSEU DA LIMPEZA URBANA (antiga Casa de Banho do Caju)

MUSEU DE ARTE DO RIO DE JANEIRO

MUSEU DO AMANHÃ

MUSEU NAVAL

OBSERVATÓRIO DO VALONGO – UFRJ

ONG CRIOLA

ORATÓRIO DO CRISTO REDENTOR (morro da Providência)

PARÓQUIA DA SAGRADA FAMÍLIA (rua do Livramento)

PIER MAUÁ

PROJETO MAUÁ

SPETACULU – ESCOLA DE ARTE E TECNOLOGIA

TRAPICHE GAMBOA

Outras instituições e organizações locais:

1º Setor: 1ª RA – Região Administrativa; 1ª CRE – Coordenação Regional de Educação; 1º Conselho Tutelar do Rio de Janeiro; 1º Cras – Centro de Referência de Assistência Social; 2ª Vara de Família; Centro Municipal de Saúde José Messias do Carmo; CPRJ – Centro Psiquiátrico do Rio de Janeiro, Cras Dodô da Portela (Saúde e Gamboa); Cras Machado de Assis (Santo Cristo e Paquetá); Creche Municipal Tia Dora; Escola Municipal Antonio Raposo Tavares; Escola Municipal Benjamin Constant; Escola Municipal Darcy Vargas; Escola Municipal Francisco Benjamin Gallotti; Escola Municipal General Mitre; Escola Municipal Vicente Licínio Cardoso; Hospital da Gamboa (Nossa Senhora da Saúde), Hospital dos Servidores, Hospital Pró-Matre; Inea – Instituto Estadual do Ambiente; Polícia Federal – Superintendência Regional do Rio de Janeiro; Região Administrativa Portuária; Reviver – Grupo de Apoio à Criança e ao Adolescente; Subprefeitura do Centro; UPP – Unidade de Polícia Pacificadora da Providência; Vila Olimpica da Gamboa.

2º Setor: BGE Rio Gráfica Editora; Bunge; Cabaret Kalesa; Embratel; Creche Escola Paraíso Infantil; Light; Metrô Rio; Restaurante Sentaí; Socicam; Xerox Brasil.

3º Setor: Aliança de Misericórdia; Amaga – Associação de Moradores e Amigos da Gamboa e Adjacências; Amamco – Associação de Moradores e Amigos do Morro da Conceição; Amas – Associação de Moradores e Amigos da Saúde; Associação de Mulheres Empreendedoras do Brasil – Cidade do Samba; Associação de Amigos do Parque Machado de Assis; Associação de Moradores e Amigos da Praça Mauá e Adjacências; Associação Pró-Melhoramentos do Morro da Providência – Pedra Lisa; Centro Integrado de Estudos e Programas de Desenvolvimento Sustentável; Conselho Estadual dos Direitos da Mulher; Escola Padre Francisco da Motta (Venerável Ordem Terceira); Federação Nacional das Empresas de Navegação Marítima, Fluvial, Lacustre e Tráfego Portuário; Fundação Darcy Vargas (Casa do Pequeno Jornaleiro); Instituto Bandeira Branca de Desenvolvimento Social; Instituto Central do Povo; Instituto Cidade Viva; Liesa – Liga Independente das Escolas de Samba do Rio de Janeiro; Liga Portuária / Providência; ONG Doe Seu Lixo; Pimpolhos da Grande Rio; Sociedade Dramática Particular Filhos de Talma; Sparta – Associação Esportiva da Providência; UGT – União Geral dos Trabalhadores; Venerável Ordem Terceira da Penitência; Viva Rio (Projeto Jardineiros do Bairro).

FONTES:

LOBO, Maria Silveira. *Guia do cidadão do Porto do Rio de Janeiro*, Rio de Janeiro: UFRJ, Faculdade de Arquitetura e Urbanismo, 2010;

TOLEDO, Mariana Peixoto de. *Participação de instituições locais em projetos de revitalização urbana: o caso do Projeto Porto Maravilha na cidade do Rio de Janeiro*. Dissertação de mestrado, Escola Brasileira de Administração Pública e de Empresas, FGV. Rio de Janeiro, 2012;

Informações complementares em fontes diversas.

AGRADECIMENTOS

Angela Silva, Aníbal Cruz, Carlos Aramis, Carlos Eduardo Santos, Cecília Marigo, Célio Andrade Vieira, Cesar Barreto, Cristiana Barretto, George Ermakoff, Inez Wist Turazzi, Isabella Perrotta, Juliane Peiser, Kenneth Light, Lucia Laguna, Márcio Roiter, Maria de Lourdes Parreiras Horta, Milton Guran, Miriam Cardozo Souza dos Santos, Miriam Saboni, Raphael Vidal, Paulo Knauss, Silvia Patuzzi e Sumara Rouff pela colaboração recebida; a Ana Cecilia Impellizieri Martins pela oportunidade desta parceria; a Carl von Essen por tudo.

Arquivo Geral da Cidade do Rio de Janeiro
Arquivo Público do Estado do Rio de Janeiro
Biblioteca Noronha Santos / Iphan
Biblioteca Nacional de Portugal
Companhia de Desenvolvimento Urbano da Região do Porto do Rio de Janeiro (Cdurp)
Diretoria do Patrimônio Histórico e Documentação da Marinha
Escola Estadual Jornalista Maurício Azevedo
Fundação Biblioteca Nacional
Galeria Fortes Vilaça
Instituto Art Déco Brasil
Instituto Histórico e Geográfico Brasileiro
Instituto Moreira Salles
Library of Congress (EUA)
Museu Imperial / Ibram
Museu Histórico Nacional / Ibram
Museus Castro Maya / Ibram
Museu da Imagem e do Som do Rio de Janeiro
Museu de Arte do Rio de Janeiro (MAR)

Autores, instituições, organizações e moradores da região portuária.

Este livro foi composto em Gotham Book e Didot Light.
Impresso em papel Couché Matte 150g pela Gráfica Santa Marta, em novembro de 2016.